本书编委会

主　　任：易铁军

副 主 任：王　伟　焦　健

委　　员：刘万野　李明瑞

　　　　　严枝俏　刘青山

推荐序

"回声"是一个响亮的名词,给读者以充分遐想的空间。久居城市的人可能对回声渐渐陌生。纷繁嘈杂的闹市中,已很难有回声的体验,即使偶有所闻,也会很快泯灭在市井喧嚣里。但是,如果来到大山峡谷,特别是空寂无人的沟壑深山,激越的声音往往会带来不同一般的反响。不少人有这样的体会,疾驰的火车从隧道钻出,汽笛嘶鸣使令人兴奋的回声由近及远,由清转混,绵延回荡,消失在远方,意蕴无限。

当把"回声"与新中国工业企业创新的步伐和前进的历程联系在一起的时候,其展示的内涵、意义当令人刮目相看。现代意义上的中国工业化以中华人民共和国成立为起点,老一辈工业人筚路蓝缕,艰苦奋斗,在历经战火的废墟上,夯筑了共和国工业通衢的路基。改革开放时代的到来,中国企业犹如奔驰的列车,以创新为牵引,一路高歌向前,创造出一个个全新纪录,让世界为之瞩目。如果能把企业前行中的创业创新和奋斗经历记录下来,犹如录下时代列车的鸣笛与回声,不仅能够展示中国企业的奋斗与辉煌,而且可以激励鞭策新一代中国工业建设者奋勇向前,还能够使更多的读者感受到中国工业的建设者——工人、工程师、科学家、企业家、各相关行业人员的喜怒哀乐并为他们鼓与呼。为此,我愿意与大家分享关于阅读本书后的一些所思所想及期许。

  本书努力展现中国企业的创新旅程。当前，我国经济发展已由高速增长阶段转向高质量发展阶段，迫切需要加快工业企业创新发展步伐，推动工业经济从规模、成本优势转向质量、效益优势。企业只有积极投身产学研，用深度融合的创新体系，着力突破关键共性技术和核心专项技术，全面改进重点设备性能水平，加快工业创新发展步伐，才能把握先机，实现高质量发展。从书中的创新实例可以感受到，企业发展过程中会遇到各方面挑战，唯有充分了解中央和地方政策取向，坚持以应用需求为牵引，不断深化核心竞争力培育，推动企业管理模式和发展形态的根本性转变，才有可能加快向目标迈进。

  本书努力展现中国企业的激情梦想。无数的历史事实证明，走上经济发达之路的国家，无不着力为本国企业提供尽可能的保障和适宜生存的土壤。而一个经济落后的国家，企业要走上依据本国优势独立谋发展之路困难重重，何其艰难。在今天的中国，迈步向前的企业和企业家都切身感受到唯有国家强大才能实现企业强大，唯有自觉自愿地将"家国情怀"投入到事业的开拓进取中，自力更生、艰苦奋斗、协作共进，才能在铸就国家伟业、支撑国家富强中获得自己发展的契机。本书也通过众多企业精彩的案例描绘了中国从"世界工厂"迈步世界经济增长动力源和稳定器的积极努力，展现了中国企业真正自立于世界工业之林的决心与勇气。

  本书努力展现中国企业的文化情怀。企业文化是企业的灵魂，是企业核心竞争力的重要因素。企业的健康发展不仅需要经济"硬实力"的刚性推动，也需要企业文化"软实力"的柔性支撑。习近平总书记指出，中华优秀传统文化是中华民族的精神命脉，是涵养社会主义核心价值观的重要源泉，也是我们在世界文化激荡中站稳脚跟的坚实根基。企业文化是社会主义文化的重要组成部分，是社会主义文化在企业经营管理中的具体体现。企业管理实践是企业文化的土壤和源泉，先进的企业文化理念只有融入企业发展和经营管理的各个方面，成为广大员工自觉遵守的行为准则，才能有效地转化为企业的凝聚力和战斗力，为企业的健康持续发展提供精神动力。本书中的案例表明，企业积极探索充分利用多种形式推动企业文化与企业经营管理实践融合的努力，会收到创新与发展共振的巨大实效。例如，综合运用传统媒体和新媒体宣贯企业文化，举办丰富多彩的企业文化活动营造文化氛围，传播文化理念，让企业价值观入脑入心，促进广大员工对企业文化的认知认同；把企业文化理念融入管理模式创新中，引领企业管理细化深化，有效推进企业高质量发展。

本书努力展现中国企业的绿色理念。书中有专门章节阐释企业的绿色环保实践，着眼人类发展需求，立意深远。我国是全世界唯一拥有联合国产业分类中所列全部工业门类的国家，近年来我国钢铁、建材、石化、高铁、电子、航空、航天等产业通过锻长板、补短板、强弱项，在迈向全球产业链和价值链的中高端方面取得了巨大的进步。2020 年，我国制造业增加值达到 26.59 万亿元，占全球比重接近 30%，重点领域的创新发展取得了重大突破，一些前沿方向开始进入"并跑""领跑"阶段，技术创新加快从量的积累向质的飞跃、从点的突破向系统能力提升转变。但总体上看，我国企业的创新能力还不强，特别是关键核心技术受制于人，高端产品有效供给能力不足，产品结构性矛盾突出。低效和无效供给造成了大量的资源和能源浪费，增加了不必要的碳排放，必须大力调整产业和产品结构，通过提升供给质量实现绿色减碳发展，要继续深化落实供给侧结构性改革，淘汰低效产能，落实好产能置换，严控新增产能；要优化原燃料和能源结构，优化工艺流程结构,淘汰落后工艺和设备,构建循环经济产业链。有条件的高耗能企业要积极构建上下游紧密结合的一体化产业链,发展产业集群,形成聚集发展态势,探索有利于碳减排的发展模式。

本书努力展现中国企业的国际视野。本书中中国企业的实践充分表明,共建"一带一路"追求的是发展,崇尚的是共赢,传递的是希望。各国唇齿相依、命运与共的现实,更加凸显了共建"一带一路"的重要性和必要性。在国内,随着"十四五"规划的启动,推动"一带一路"高质量发展正在成为各领域各方面加大投入、加快步伐的难得机遇。围绕"一带一路"发展目标,推进基础设施互联互通,拓展第三方市场合作,加强规划政策对接,推动科教文卫沟通,将为开展合作的企业和园区带来巨大机会。本书中提到的国内企业多数都对国际发展和参与"一带一路"建设做过探索与尝试,尤其是围绕稳链、建链、补链、延链、强链开展过工作。面对国际经济逐步恢复的机遇,中国企业应加强国际产业安全合作和"一带一路"沿线产业集群的互动互补,形成更强创新力、更高附加值、更安全可靠的产业链供应链。

本书描述的企业多是我熟悉的企业。我能深深感受到作者力求从工业和经济、文化相结合的方面把它写成一本专业与普及并举、企业与人物并重、宏观与微观并集的作品,这一努力的方向是十分有益、十分积极的。由于涉及企业的数量众多,规模不一,行业又大相径庭,要做好这件事难之又难,需要以持续不断的努力去调研与笔耕。希望每一位读者能够理解作者的初衷与苦心,听到中国企业奋斗征程上的鸣响,共同传递不绝的回声。

通过阅读本书,我最大的感动就是,你能深刻感受到,出现在本书里的企业和他们所代表的民族企业,正在实事求是地思考未来,并实实在在做出了一些事情。

可持续发展是一项马拉松而不是短跑冲刺。希望今天的"回声"还能不断延续，不断地为我们的千里之行鼓劲、加油。

朱宏任

中国企业联合会、中国企业家协会党委书记、

常务副会长兼理事长

前言

近些年，人人都关注华为、海尔、格力这些知名企业，关于这些企业的书籍也层出不穷。但是很少有人注意到，在聚光灯外，一些独特的企业正在孤独中默默奋起，正在引领新的创新潮流和工业精神。他们同样愿意分享企业成功的奥秘、转型的磨砺、特殊的改革故事和人性的光华。在这个领域，中铁高新工业股份有限公司（以下简称中铁工业）尤为值得一提。

1

为什么将中铁工业的案例作为中国工业发展的主要线索而贯穿本书进行论述呢？

第一，它的历史几乎与中国民族工业发展的历史一样长。从1894年成立中国第一座桥梁制造工厂——山海关造桥厂（中铁工业旗下中铁山桥的前身），到建设第一条由中国人自行设计、投资、运营的铁路——京张铁路，再到参与建造被称为"现代世界七大奇迹"之一的港珠澳大桥，以及服务2022年北京冬奥会的世界上第一条最高设计时速350公里的高寒、大风沙高速铁路京张高速铁路，中铁工业跨越百年的发展史，正是中国民族工业从发轫到发展、从起步到起飞、从崛起到振兴的缩影。更有意义的是它身上的红色基因。1922年，中共一大代表王尽美来到山海关造桥厂，秘密发动工人运动，创建了秦皇岛地区第一个党组织，为中铁工业注入了红色基因。因此，中铁工业与民族工业共同成长，其奋斗过程中几乎浓缩了中国现代工业历史上出现的所有重大主题。

第二，它的崛起是中国装备制造业的重大突破和典型案例，它所分享的技术创新实践案例，对其他企业也具有参考价值。作为中国中铁旗下工业制造板块，百年来，中铁工业的主营业务始终围绕着"两条钢轨"展开。在新中国工业体系形成期，中铁工业发挥了举足轻重的作用。中铁山桥于1963年设计制造了62型道岔，结束了中国使用万国道岔的历史。之后，中铁宝桥和中铁山桥密切合作，共同开启了我国钢桥梁与铁路道岔的自主创新发展之路。目前，中铁工业代表了我国钢桥梁制造技术的最高水平，累计建造桥梁5000余座，创造了70次跨越长江、40次跨越黄河、33次跨越海湾的惊人业绩，正在推动我国由"桥梁大国"成功迈向"桥梁强国"；同时，中铁工业研发制造了我国大多数类型的铁路道岔，推动了我国铁路的多次大提速，占据了国内道岔市场60%以上的份额；在隧道掘进装备制造领域，中铁工业打破国外垄断，成为国内规模最大的从事隧道施工装备研发制造的企业，其承担的"关于隧道掘进机关键技术的研究"被正式列入国家"863计划"。在关系国计民生的重大铁路项目中，中铁工业的身影处处闪耀，以实力担当了"国家队"角色，并带动一批行业配套企业通过科研创新，努力打造装备制造原创技术"策源地"和现代产业链"链长"，实现高水平科技自立自强。

第三，中铁工业2017年正式登陆A股市场，坚持将加强党的领导与完善公司治理结构统一起来，逐步树立了规范、稳健、务实的上市公司形象，走上了高质量发展的快车道，一批重点项目签约落地，主要经济指标实现跨越式增长，相当于"再造"了一个中铁工业。盾构机、钢桥梁、道岔、架桥机四项主营产品全部通过工信部制造业单项冠军产品认定。重组上市带给这家国企新的生命力，极具示范作用。

更重要的是，中铁工业责无旁贷地扛起了新时代工业转型变革的大旗。2014年5月10日，习近平总书记在河南视察中铁工业旗下中铁工程装备集团时提出了"三个转变"的重要指示——推动中国制造向中国创造转变、中国速度向中国质量转变、中国产品向中国品牌转变，为推动我国产业结构转型升级、打造中国品牌指明了方向。

2017年，国务院将每年的5月10日定为中国品牌日。作为"三个转变"重要论述的发表地，中铁工业一直把习近平总书记的指示作为行动指南和发展方向，不断践行"三个转变"，脚踏实地地走出了一条靠质量、靠市场、靠优质的服务来打响中国品牌的道路。

这成为本书的思想滥觞。本书试图通过中铁工业等企业的成长、磨难、自我突破和超越，讲述中国工业的创新步伐，并从五千年中华文明中寻觅工业精神之源。同时，本书从"三个转变"的思想落地、在企业的真实实践中，寻觅中国工业转型升级的探索和创新之路开拓的动力。当然，也期望跟随中铁工业等企业的创新实践脚步，带动本书成为一本人人可读、人人可懂、人人可会心微笑的创新书籍。

2

本书为什么叫"回声"呢？

当我们站在桥梁隧道附近时，大声呼喊，会有回声。借用这种物理现象，作为本书书名，是希望可以表达"三个转变"在工业领域引起的强烈反响，还寓意中国工业人在"三个转变"的指引下，对技术创新、行业进步和国家经济发展振臂高呼、一呼百应、自力更生、奋斗不息。本书以中铁工业的故事为重点案例，辅以其他企业的创新故事，共同讲述中国科技创新应该怎么做，谁做得好，并摆出案例来佐证。同时，层层反射的声音，会传播到更远的地方，让更多的人听到，寓意本书具有广泛而深远的传播价值。

中铁工业好比一个生态环境极佳的森林，坐落层次分明，存在各种类型的丰富"物种"：从时间的纵轴上，中铁工业旗下既有经历百年现代工业发展史、至今依然焕发生命青春活力的百年企业，有经历三线建设的"共和国之子"，有在改革开放中勇立潮头的改革先锋企业，也有为未来谋划而新开辟领域的企业；在经历上，有红色基因，有创业经历，有国企改革的磨砺，有经历每一次五年规划的变革体会，有新时代聆听国家领导人指明方向的荣幸；在企业创业者名单中，有代表先进性的中国共产党党员代表，有从朝鲜战场退役的老兵组成的"先遣队"，有参加祖国建设攻坚克难的人民铁路子弟兵，有改革开放初始最敏锐感应市场潮流的创业者，还有新时代新思维、诞生于新世纪的年轻人。可以说，中铁工业的奋斗史，就是中国民族工业发展的一个缩影。

3

除了中铁工业，本书还梳理了其他具有时代工业精神的企业故事，有体现中国能源领域高质量发展的中国长江三峡集团有限公司，有从三线建设中脱颖而出、并在传统铸造行业建立新功勋的宁夏共享集团有限责任公司，有为"大国重器"做高质量配套、建立完善标准体系的株洲钻石切削刀具股份有限公司、无锡航亚科技股份有限公司，有专心致志聚焦绿色环保、迎来智慧新发展的环保典范江苏双良集团有限公司、金风科技股份有限公司，有跟随祖国改革开放、极具探索创新精神的第一批民营弄潮儿企业浙江五谷实业有限公司，以及业已形成整体板块发展、创业创新氛围浓郁的苏州工业园、台州机床产业集群等。他们同中铁工业一起，在中国工业的百花园里，争芳斗艳，协同发展；在"一带一路"沿途播种新的希望；在全球一体化进程中提供东方智慧和中国力量。他们是这个时代呼唤的正能量，是构建工业强国、传播工业精神的核心力量，是承担国家繁荣、人民幸福的主力担当。

综上所述，本书的内容就是以习近平总书记的"三个转变"论述为指引，探讨新时代代表中国工业力量的各类制造企业，如何开展技术创新，如何为中国科技创新找到对的路径，如何带动更多的企业进行技术创新，以及他们的技术创新给中国经济和社会带来的深远影响。本书无意为企业著书立传，而旨在对中铁工业等企业进行解剖，分享他们的创新经验。他们鲜活感人的奋斗故事和案例，同样是时代改革奋进、科技创新的强烈"回声"。

作为一本构架交流桥梁、分享创新体会的书籍，本书不可能做到面面俱到、笔笔深刻，但希望带给大家更多的思考和启发。

目 录

推荐序

前言

第一部分　工业的呐喊

第一章 时代的呼唤　003

中国人为什么那么勤劳？	005
可以踩刹车吗？	012
2014年："三个转变"的故事	016
"三个转变"究竟转变了什么？	024
战略破局的痛与快乐	038

第二章 强国的回归　051

从兵马俑标准化生产到高质量发展	053
中国载人航天：走在"通往银河的路上"	063
忍：中国工业的百年孤独	066
新时代产业工人究竟是群什么样的人？	070

XV

**第三章
富民的认知
075**

一位盾构工程师的"忠孝两全"　　　　　　　　　　077
创新型企业高质量发展与人民的幸福感　　　　　　086
科技创新型企业的深远影响力　　　　　　　　　　096
在"走出去"中增长智慧与自信　　　　　　　　　101
教育的革新：如何培养工业基础人才　　　　　　　104

第二部分　画出最美"同心圆"

**第四章
国企的担当
113**

大变局中，万物生长——以中铁工业为例，
透视国企的责任担当与经济影响力　　　　　　　　115
敢问天地要资源，面朝大海天地宽——以三峡能源
等为例，初探"科技创新"引发的"全产业链条
的连锁改变"　　　　　　　　　　　　　　　　　129
富强竞赛中的国企：扛起工业文化遍地盛开的责任　136
中铁山桥：中国民族工业百年历程，每一段记忆里都有你　143

**第五章
民企的演进
157**

有他们参加的高质量发展充满了活力　　　　　　　159
金风科技：从高山到大海，穿越半个地球来追风　　163
五谷之歌：从河姆渡文明中找到创新灵感的企业赞歌　171
台州机床集群：从辽阔海洋中获取"抱团"的成长奥秘　175
他强由他强，清风拂山岗——中外企业游历见闻　　184

第六章 协同的共鸣 189

以天地为局，民生为盘，下一场中国大棋	191
从"打通国家经济命脉"到"构建交通强国"	196
共建长江经济带绿色生态廊道	201
在世界版图看中国科技创新型企业的影响力	212
拍拍那些为"大国重器"配套的企业的肩膀	217
服务国企 共同成长——专访国能中电白云峰	221

第三部分　人类的触角，时代的声呐

第七章 创新的底线 231

工业戏法：绿水青山如何变成金山银山	233
建设美丽中国，必须有工业做坚强后盾	244
航天科技助力双碳减排	248

第八章 精神的涅槃 251

中国的工业精神	253
共建健康的创新生态系统	253
为时代画像	254

参考文献　257

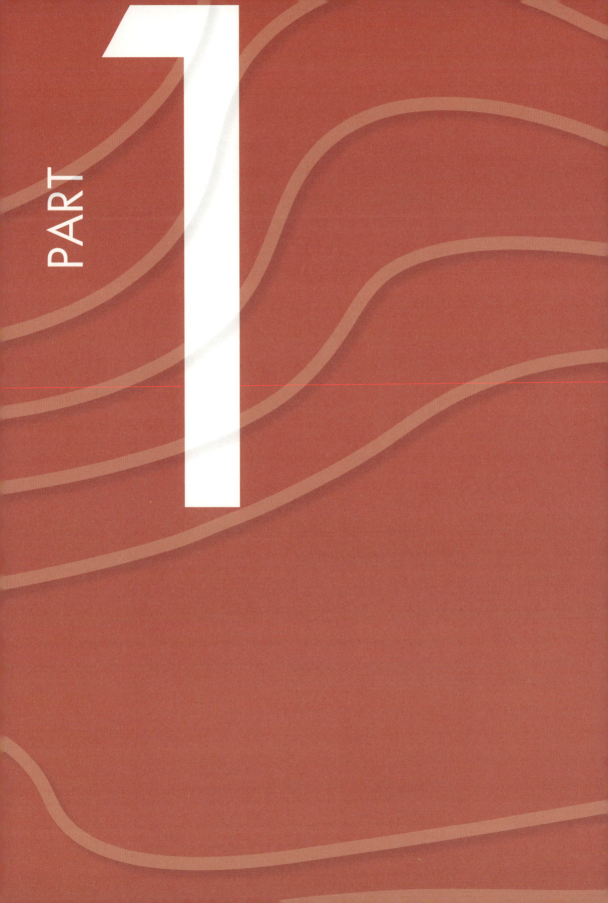

第一部分

工业的呐喊

第一章

时代的呼唤

中国人为什么那么勤劳？

可以踩刹车吗？

2014年："三个转变"的故事

"三个转变"究竟转变了什么？

战略破局的痛与快乐

时代发展呼唤创新。
尤其是中国经济实现了高速增长，又面临转型升级的关键时刻。
当今世界，科技创新已经成为提高综合国力的关键支撑，
在激烈的国际竞争中，不创新就要落后，创新慢了也要落后。
惟创新者进，惟创新者强，惟创新者胜。
本章以中铁工业为典型案例，
探讨装备行业从思考到行动、从技术到管理的全面创新，
这就是对时代的呼唤的响应。

技术创新型企业掌握着国家产业升级的钥匙。
战略破局的痛并快乐，中铁工业体会最深，
创新执行力的催化影响，它同样亲身体验。
它深刻懂得：创新是第一动力，创新决胜未来。
技术创新非常困难，甚至模仿都是异常昂贵的，
更何况创新从来都是九死一生，
创新者必须拥有"亦余心之所善兮，虽九死其犹未悔"一样的豪情。

中铁工业的案例印证了一条真理：
传统国有企业可以在保持公有制身份的条件下，
转变成为竞争性企业，甚至进一步成为创新企业。
这是时代呼唤下的装备制造企业发出的最强回声。

ECHO

第一章　时代的呼唤

中国人为什么那么勤劳？

"迎接冰雪之约，奔向美好未来"，2022年2月3日上午，当北京冬奥会火炬接力传递到"民族之脊"八达岭长城站时，一位身材娇小、容貌俊美的女性火炬手和同伴们齐心协力，完成了1.47公里火炬接力任务。这位传递第12棒火炬的女青年就是来自中国中铁工业旗下中铁九桥工程有限公司的电焊工王中美。只见她身着印有奥运五环的运动服，高举着银红两色的火炬"飞扬"拾级而上，飒飒英姿赢得现场和电视机前观众一片掌声和欢呼声。而知道王中美的人更懂得那个光辉时刻的意义，因为这道靓丽的身影，不仅代表了中国女性奋发图强的光辉，还代表了中国新时代产业工人的昂扬之姿、奋进之态，充分展示了中国工业人敢于拼搏、敢于胜利的精神。她手中传递的火炬，传递出的不仅是奥林匹克精神，还有传递者所代表的中国工匠精神。

距离八达岭长城1400公里的江西九江，是一座占据长江黄金水道151公里的城市，也是我国的老工业基地之一。这块土地上，持续传递着抗美援朝精神、抗洪精神和劳模精神，孕育出一代代杰出的产业工人。火炬手王中美就来自这个城市。她的父亲是新中国第一代建桥工人，从小她就耳濡目染，通过父亲的言传身教，她

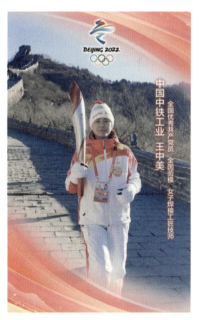

图1-1　王中美在"民族之脊"八达岭长城传递火炬

中国科技型企业的担当及创新实践

也传承了勤劳奋斗的工匠精神，由此"女承父业"，坚守桥梁建设一线。

然而，桥梁电焊工这个岗位却被大家公认是并不适合女性工作的岗位。为了改变这一传统观念，王中美坚守桥梁建设一线20年，用16余吨焊丝，让自己从一名电焊工学徒成长为一名工匠技师，并当选为党的十九大代表、中国工会十七大代表，先后荣获"全国三八红旗手""全国五一劳动奖章""中国青年五四奖章""中央企业青年岗位能手"等多项荣誉称号。

不仅仅是她自己，王中美还带动身边的女青年们一起进步，用自己的实际行动证明奋斗的意义。2011年，中国桥梁界首支"女子电焊突击队"诞生，十年来，这支以王中美为领头人的"女子电焊突击队"，出现在一座座国内外知名桥梁建设中，累计完成焊缝长度近60万米，先后荣获"全国三八红旗集体"和"全国五一巾帼标兵岗"称号。2016年，"王中美劳模创新工作室"成立，王中美带领工友们相继开展了30多项材质实验和焊接攻关任务，开展了面向一线员工的技能培训、考试等活动3600多人次，取得新型钢种焊接、重型钢梁焊接、特殊工位焊接等27项技术攻关、17项创新成果，多项工艺填补国内空白。王中美的多个徒弟成长为高级工、技师，其中徒弟刘青先后获得"江西省劳模""赣都工匠"等荣誉称号。而她本人也荣膺"大国工匠"称号。

从古至今，中国人一直尊重勤劳人，尊崇奋斗者。2021年6月28日，全国"两优一先"表彰大会在北京人民大会堂举行，王中美荣获"全国优秀共产党员"光荣称号，并在人民大会堂受到党和国家领导人亲切接见，现场接受大会表彰。王中美没有想到，自己这样的一线工人，能受到如此隆重的高规格表彰，这激励她更加努力工作、勤奋上进。

祖国强大时不我待，新时代呼唤更多的王中美涌现。中铁工业党委发起"向王中美同志学习，做新时代工业标兵"主题教育活动。2018年8月15日，王中美来到中铁装备，并与一线工友们亲切座谈交流。在活动中，王中美和参会领导及工人代表分享了自己的工作经历和奋斗感悟，并把勤奋务实的工匠精神传递给更多的年轻人，鼓励他们一起进步，做新时代的工业标兵，为中国工

第一章　时代的呼唤

图 1-2　王中美在电焊一线

业高质量快速发展做出更多贡献。

在习近平总书记曾视察的中铁装备盾构总装车间,全国人大代表、中铁装备总工程师王杜娟,团十八大代表、中铁装备团委书记孙颖悟为王中美讲述了习近平总书记视察中铁装备几年来企业取得的跨越式发展。

2014年5月10日,习近平总书记正是在这个车间,作出了"三个转变"的重要指示。从这个车间,人们时刻可以感受到新时代工业的腾飞。穿过正在组装的盾构机,往前走,就能够看到一个个大国工匠的工作室。在通往各个工作室的路上,墙上挂着许多先进典型的照片和事迹。

其中一个工作室属于"大国工匠"李刚,他是中铁装备的电气工程师。他的工作室,承载着盾构机上"神经中枢"的研发与装配的重任。从2008年中国第一台国产复合式土压平衡盾构机的电气组装到现在,李刚已经高质量地完成了300多台盾构机的电气系统组装。

中铁装备集团从成立之初到现在,先后在河南洛阳、新乡和郑州留下发展足迹,李刚的家也随之迁徙。李刚谈道,"不仅仅是我个人,整个中铁装备的团队都把主要精力放在工作上,对家庭付出很少,我们要感谢各自的家庭,

图1-3 王中美和全国人大代表王杜娟、团十八大代表孙颖悟共同重温习总书记视察中铁装备重要讲话精神并合影留念

能够理解和包容,才能让工作出彩。"特别值得一提的是,李刚的父母亲就是中国三线建设的老一批隧道工人,他从小就跟随父母工作而迁徙,在工地上长大,目睹了祖国隧道工程的发展变迁。在他父辈时期,工程机械落后,全靠手工使用简单工具完成,不仅效率低下,而且随时会遭遇意外坍塌或者水淹,危险重重。现在有了大型工程装备,施工质量、效率大幅度提升,中国也有了自己知识产权的国产盾构机,但这些还不够,因为他们还想做得更好,要让地下施工人员更加安全。李刚他们希望创新技术能够更进一步,让人站在地面上,遥控地下盾构机完成全部工作。而实现这一部分,需要更多的专业知识和技术支撑,当然也需要更多的时间付出。

在中国,大国工匠、劳动模范层出不穷。他们是时代先锋和民族楷模,是始终推动社会前行的"精神力量"。在新时代背景下,中国劳模向世人展示着实现中华民族伟大复兴的坚强意志,以及为人类作出更大贡献的坚定信念,并用勤劳创造出最美最幸福的生活。

放眼整个中国,由工匠、劳模集体建设的四通八达的高速公路网、高速铁路网、航空路线、江河湖海航船以及地下隧道网络,从不同领域不同层次构建出一幅气势磅礴的中国大交通场景,它们就像一个个齿轮,咬合、传动,带动中国加速与世界经济的良性循环和运转。

第一章 时代的呼唤

图 1-4 王中美和李刚在交流工作经验

1

有人说,中国人拼命工作,是改革开放加快了人民的生活速度。但中国人认为,这是天生的使命。

2021年是中国共产党成立100周年,而在中国考古界也有一个100周年纪念,这就是仰韶文化发现100周年、中国现代考古学诞生100周年。距离中铁装备所在的河南郑州240多公里的三门峡市,正在举办仰韶文化两个"一百周年"纪念活动。

中国人民大学历史学院考古文博系教授、博士研究生导师韩建业在他的《从考古发现看八千年以来早期中国的文化基因》一文中提出,"早期中国经历了跌宕起伏的连续发展过程,锤炼出了有别于世界上其他文明的特质,成为'中华民族生生不息、长盛不衰的文化基因'"。从历史深处走来,中国人赖以生存的黄河长江流域水源丰沛,但地势低平,洪涝灾害频发,为了防水治水,劳动强度很大,更不用说精耕细作的稻作农业所需要的勤劳和耐心。北方农民已经习惯于忍受干旱带来的生活艰辛。尤其在播种季节,他们必须抓住时机适时播种,此外,农民还要加工粮食、饲养家畜家禽、做各种

中国科技型企业的担当及创新实践

家庭手工，除了节日祭祀、婚丧嫁娶，几乎没有空闲的时候，一直在辛苦劳作。这就是专家们在考古发现中分析出的中国人勤劳坚毅和自强不息的文化基因的来源。

中国人用占世界 7% 的耕地养活了占世界 22% 的人口，其中的艰辛付出只有中国人最清楚。虽然现代工业 300 年的进步，似乎瞬间压缩了农业 7000 年的积累，但是毕竟 7000 年修炼的勤劳坚毅和自强不息的文化基因，早已经融入骨血，强大到让中国人与生俱来、日用而不觉的程度。

2

如果说，中国人的勤劳根植于农耕文明的基因，还不足以说明为何中国人一直"乐于忙碌"，那么还可以从中国工业史中寻找出另一个重要原因。

1949 年中华人民共和国成立，现代工业开始在中国重启，中国人通过自己的双手改变自己的命运。20 世纪 50 年代初期，面对建设新中国和巩固西南边疆、促进民族团结进步的形势，党中央作出了全力修筑进藏公路的重大部署。中国人民解放军，四川和青海等省各族人民群众，以及以中国中铁为代表的央企工程技术人员，组成了 11 万人的筑路大军，勠力同心、英勇无畏，逢山开道、遇水架桥，凿山挖石、挥镐挑土，夜以继日、艰苦奋战，克服了冰天雪地、高原缺氧的困难，身体游走于悬崖峭壁，生命悬于一线之间，跨怒江天险、攀横断山脉、渡通天激流、越巍峨昆仑，于 1954 年 12 月完成了康藏公路、青藏公路的修建，是我国乃至世界公路修筑史上罕见的壮举。

20 世纪 50 年代中期，以毛泽东同志为核心的党的第一代中央领导集体，根据当时的国际形势，为了保卫国家安全、维护世界和平，果断地作出了研制"两弹一星"的战略决策。大批优秀的科技工作者，包括许多在国外已经有杰出成就的科学家，怀着对祖国的满腔热爱，义无反顾地投身到这一神圣而伟大的事业中来。在研制"两弹一星"的过程中，全国有关地区、部门、科研机

第一章 时代的呼唤

构、院校，以及广大科学技术人员、工程技术人员、后勤保障人员和解放军指战员，团结协作，群策群力，求真务实，大胆创新，突破了一系列关键技术，使中国科研能力实现了质的飞跃，为今天飞天梦的实现奠定了坚实基础。

1959年9月26日，新中国成立10周年前夕，随着一股油流从松辽盆地北部的"松基三井"喷涌而出，大庆油田正式诞生，粉碎了国际敌对势力以石油为武器，对新中国进行政治孤立、经济封锁、军事威胁的企图。从此，中国甩掉了"贫油"的帽子，中国石油工业屹立在世界东方。在此过程中，以"铁人"王进喜为代表的石油人，拼命鏖战三年拿下大油田，并从1976年开始，连续27年实现5000万吨以上高产稳产。至今，大庆油田仍然保持年产量4000万吨左右。截至2019年，大庆油田已为共和国开采了23.9亿吨原油、1320亿立方米天然气，成为名副其实的世界级大油田，创造了一个又一个世界石油开发史上的奇迹。

1978年的改革开放，进一步加快了中国工业创新的脚步。

2006年7月1日，青藏铁路建成通车。发轫于中国中铁的青藏铁路精神，体现出建设者"艰苦不怕吃苦"的伟大品格、"缺氧不缺精神"的崇高境界、"风暴强意志更强"的顽强斗志和"海拔高追求更高"的科学态度，成为国有企业的先进精神，被纳入中国共产党人精神谱系的重要组成部分。

中国用了70多年的时间，实现了工业转型升级，这得益于中国人的勤劳奋斗和家国情怀，大批企业、万千工人把改变国家命运作为共同的价值观。

专家提点 | **成长春** 江苏长江经济带研究院院长兼首席专家

从国家整体发展大背景来看，我们用短短的几十年走完了西方发达国家300年甚至更长时间所走过的路程。要做到这一点，必须有赶超意识，我们只有更加勤劳才能完成赶超。中华民族是勤劳的民族。我们将民族振兴作为追求，作为事业和目标。我们把外在的压力，变为发展的动力，推动经济社会协调发展。

中国科技型企业的担当及创新实践

可以踩刹车吗?

高速前进的道路上,要不要踩刹车?

有人认为,应该停下,等等"灵魂"。

更多人认为,中国起步晚、条件差,虽然拼命追赶,但距离竞争对手还有不小差距。

究竟该怎么办?

1

装备制造业是一个国家制造业的脊梁。新型工业化、城镇化、信息化、农村现代化,都需要装备制造业的支撑。我国装备制造业还有很多短板,要加大投入,加强研发,加快发展,努力占领世界制高点,掌控技术话语权,使我国成为现代装备制造业大国。

因此,装备制造业的发展不仅不能踩刹车,还必须先行打前锋、牢固打基础、创新领发展。一旦装备制造粗制滥造、效率低下,那么新型工业化、城镇化、信息化、农村现代化都要停滞不前,都要成为泡影。因此,习近平总书记洞悉世界经济发展趋势,基于对世界大势的敏锐洞察和深刻分析,以全面、辩证、长远的眼光分析了当前国内国际大势和经济社会形势并审时度势,作出了前瞻未来的战略判断。"推动中国制造向中国创造转变、中国速度向中国质量转变、中国产品向中国品牌转变"抓住了我国装备制造业战略发展的要害和关键,明确了创新是企业核心竞争力的源泉,抓住了推动经济发展质量变革、效率变革、动力变革的"牛鼻子",充分体现了近代以来我国经济转型的内在规律。

"三个转变"的提出,解决了中国制造业实现高质量发展的全新发展方式、发展路径、发展目标。全面系统性地讲清楚了"在今后相当长的一个阶段，制造业的统一行动纲领，揭示了只有向创造转变，才能有发展动力；只有向质量转变，才能有发展基础；只有向品牌转变，才能实现制造强国"的这个深刻道理。

《未来简史》的作者尤瓦尔·赫拉利经观察发现，人们面对高速发展的时候"常有的反应就是希望有人来踩刹车，减缓我们的速度"。他给出的答案是：不能踩刹车。首先，没有人知道刹车在哪儿。没有人能真正把所有点都串联起来，看到完整的全貌。其次，如果我们设法成功踩了刹车，就会让经济崩溃并拖垮社会。

当然，如果前进方向出了问题，该踩刹车时，不能犹豫。

2

2018年2月，中铁工业旗下一家全新的公司中铁环境科技工程有限公司（以下简称中铁环境）在长沙注册成立。在国家环保产业蓬勃发展之际，中铁工业响应国家号召，发挥央企责任，进军环境治理投资产业，中铁环境应运而生。

中铁环境以环境治理投资和环境装备研发、制造为主要业务方向，以水环境治理和土壤修复为主要业务范围，并逐步涉及大气治理、节能服务与药剂废物处理、固废危废处置等领域，覆盖环保全产业链。中铁环境立志依托中铁

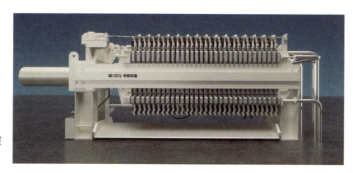

图1-5 中铁环境污泥深度脱水成套装备效果图

工业平台优势、市场与资本优势,打造成集投资、设计、建设、运营为一体的,国内领先的环保综合服务商。

与一百多岁的中铁山桥集团有限公司(以下简称中铁山桥)、在三线建设时期成长壮大的中铁宝桥集团有限公司(以下简称中铁宝桥)、始终与祖国建设同频共振的中铁重工集团有限公司(以下简称中铁重工)、中铁科工集团有限公司(以下简称中铁科工)、中铁装备、中铁钢构有限公司(以下简称中铁钢构)等中铁工业旗下的成员企业相比,新成立的中铁环境资历浅、业绩弱,但却代表了中铁工业全新的责任和对未来规划战略的思考。

中国虽然已经成为制造业大国,但是大而不强的问题依然存在,创新力不强、核心竞争力弱、产业结构不合理、产品附加价值不高,并且能源消耗大、基础研究薄弱、高技能人才短缺、体制机制与市场衔接有差距等问题不同程度存在。

中国曾经为低端工业无序扩张付出了丧失蓝天白云的代价,如今要找到发展中的历史遗留问题并予以修补,明确发展边界,知悉法律底线,了解伦理要求,掌握突破尺度。更重要的是,要通过创新,提升工业高速发展过程中出现的问题,解决环境污染问题,保证工业健康发展。

那么,还有必要踩刹车吗?

3

在"三个转变"中,有一条转变讲的是"中国速度向中国质量转变"。近年来,中铁工业的硬核产品"全断面隧道掘进机""桥梁用钢铁结构""道岔""架桥机"通过了制造业单项冠军产品(企业)认定。在工业发展的历史长河中,这些产品都是经历了岁月的磨砺,在中铁工业的手中有了高品质的提升。

第一章 时代的呼唤

以道岔为例，它的历史几乎与铁路一样长。1905 年，詹天佑主持修建了中国第一条自主设计的官办铁路京张铁路。1912 年，山海关造桥厂（中铁山桥前身）生产出了中国第一组道岔。而在 1825 年，英国已经建成了世界上第一条公用商业铁路，道岔随之发展。1949 年以后，我国铁路路网建设得到大力发展，并从 1994 年开始经历 6 次提速，完成了跨越式发展。德国高速铁路从 20 世纪 80 年代研制高速道岔，整体道床道岔技术世界公认最先进。在追赶世界先进的路上，中国的发展不仅不能踩刹车而且要持续提速。

在轮轨和磁浮两条发展路径上，中铁工业都完成了技术储备。其中，在轮轨技术上，2006 年，中国中铁与新西兰 ONTRACK 公司签署了铁路道岔 5 年供应合同，成为国内唯一供应新西兰道岔的厂商。这标志着我国整组道岔开始打入西方发达国家市场。紧接着，中铁完成了时速 350 公里的高速道岔，处于国际领先水平。2020 年，世界首组时速 600 公里高速磁浮道岔在中铁宝桥诞生，彻底奠定了中国道岔的高品质地位。

既快又好，既有速度还有质量，优势领域共性技术、关键技术的重大突破，推动中国制造向中国创造转变、中国速度向中国质量转变、中国产品向中国品牌转变。

图 1-6　京张铁路大石桥河 12 号桥，板梁上山海关造桥厂的桥牌轮廓清晰可见

图 1-7　世界首组时速 600 公里高速磁浮道岔

中国科技型企业的担当及创新实践

2014年:"三个转变"的故事

当前,世界百年未有之大变局进入加速演变期,经济全球化遭遇逆风,国际分工格局加速调整,稳定优化产业链、供应链的竞争加剧,发展实体经济特别是装备制造业更加任重道远……

严峻挑战当前,日渐成熟的中国产业工人并没有惊慌失措,反而比发达国家工人多了一份平静理性、自信坦然。

我们从历史中走过,正在经历早已埋好的线索。

1

回首2014年,不难发现:那一年诞生的一个重要论述,极具前瞻性。

当年5月,习近平总书记在河南考察时提出"推动中国制造向中国创造转变、中国速度向中国质量转变、中国产品向中国品牌转变",这个被称为"三个转变"的重要指示为中国工业发展指引了转型升级之路。

专家提点 | **朱宏任**　中国企业联合会、中国企业家协会党委书记、常务副会长兼理事长

制造业是强国之基、立国之本、兴国之器,制造业向哪个方向发展,是时代向我们提出的一个重大考验。

"三个转变"为中国制造业由大变强指出了一条重要的路径。

"三个转变"的核心,是要把发展的主动权牢牢地把握在自己手里。在发展的过程中,不是一味地追求速度、追求数量、追求更多的产出,而是要把高质量发展作为发展的重要目标。

在这方面,一大批中国制造业企业,包括中铁装备这样的重要央企,做出了非常杰出的贡献。他们取得的一些成果(比如大型盾构设备的研发制造),

使我们能够在世界制造业中占有一席之地，也让中国制造由原来的"从1到10"发展，逐步地转向"从0到1"发展，标志着中国制造业、中国制造业企业正在腾飞。

就在河南郑州中铁工程装备集团有限公司的这个车间里，每每想起和自己亲切握手的习近平总书记，中铁装备技术骨干蒲晓波总是激动不已，那握手传递过来的精神力量让他至今铭记在心。

工业后进国家产生创新性人才、创新性企业需要进取性的精神力量。而正是在这些创新性人才、创新性企业的手中，牢牢掌握着国家产业升级的钥匙。2014年12月9日至11日，中央经济工作会议又提出"推进中国制造向中国创造转变、中国速度向中国质量转变、制造大国向制造强国转变"。"三个转变"一脉相承，核心在于创新。

工业创新和经济腾飞，好比钥匙与锁的互动。锁芯旋转，锁舌伸缩，"咔"的一声，未来的大门开了。

2

河南，中原之地，2000多年前，为中国九州中心之豫州，是中华文明最重要的发源地。我们的先祖在河南这片土地上，打造了原始农业、原始畜牧业和原始手工业。

近代工业文明元素在河南的绽放，始于郑州治理黄河的工程。1887年，黄河在郑州石桥决口后，堵口工程随之进行。工程中，为解决沿河通讯联络问题，架设了开封至山东济宁的电报线，成立开封电报局。为提高施工效率，向国外购买了小铁轨、运土铁车、小轮船等设备以及水泥等建材。诸多近现代工业设施在河南首次亮相。郑州人有幸成为中原地区现代工具的最早见证者。

虽然轨道铁车远不是真正意义上的"火车"，但却承载和传递了新型生产方式的重要信息。

从此,铁路打破了传统的城市封闭状态,促进了商业的繁荣发展,商贸活动的需求拉动了相关工业企业的建设。紧接着,京汉铁路、陇海铁路的交会,促使分布在沿线的开封、郑州、洛阳、安阳四大古都开始了近代化转型。

与沿海沿江各省相比,河南工业的发展存在时间差距,且经历了曲折迂回的过程。

河南身处中国东西部的过渡地带,沟通南北,交通便利,从郑州出发,通过铁路基本上可以直达全国所有省会。从郑州开出的国际列车,还将中国的货物运输给"一带一路"沿途国家。

在现代交通引领下,城市化浪潮不断通过河南向内地发展,推动着中国工业化进程。1997年,中国建设西康铁路秦岭隧道,为了保障安全、缩短工期,从德国高价采购了两台硬岩掘进机。这是我国第一次在山岭隧道施工中使用大型装备。虽然隧道挖掘效率得到了提升,但随着时间推移,定价无话语权、服务不到位、技术被封锁等受制于人的状况逐渐凸显。

一定要造中国人自己的盾构机!梦想的种子悄悄种下。

为什么中国人一定要造盾构机呢?

原铁道部常务副部长、中国工程院院士孙永福给出了答案。他认为,这

图 1-8　1997 年我国首次引进的全断面隧道掘进机在西康铁路秦岭 I 线特长隧道开始步进

是一个关系铁路隧道技术发展的战略问题,是铁路隧道技术再上台阶的重要标志。"以往我们熟悉钻爆法,这只是一个拳头,今后如果掌握了TBM(Tunnel Boring Machine,硬岩掘进机)技术,我们就有两个拳头来应对挑战,这对行业技术进步、企业增强竞争力具有十分重要的意义。"

20世纪末,正是中国基建大开发的年代,国家需要这种安全的设备。而且"洋盾构"施工时有泄露国家地理信息的可能,用于国防工程建设更是危险。党和政府敏锐地发现了这个问题,并下拨了上亿元资金。2001年,中铁隧道局承担的"关于隧道掘进机关键技术的研究"项目被正式列入国家"863计划"。2002年10月,由18人组成的盾构机研发项目组正式成立。

造盾构的心是豪迈的,历程是艰辛的。经过8年的持续投入、接力攻坚,2008年,国内首台具有自主知识产权的复合式土压平衡盾构机"中国中铁一号"在新乡成功下线。2009年6月8日顺利贯通天津地铁项目,打破了"洋盾构"一统天下的局面。

为了中国制造的强国之梦,一个壮丽的篇章开启了。

2009年12月23日,中铁隧道装备制造有限公司正式在郑州挂牌成立。这是中铁装备的发展元年,也是新征程的开始。

几年奋战,中铁盾构的市场越来越大,名气越来越响。

图 1-9 "中国中铁一号"贯通天津地铁3号线营和区间右线

中国科技型企业的担当及创新实践

2013年11月，中铁装备成功收购德国维尔特硬岩掘进机知识产权及品牌使用权，成为世界上能独立生产硬岩掘进机、竖井钻机、扩孔机，并具有自主知识产权的三大企业之一。

专家提点 | **张柏春** 中国科学院自然科学史研究所研究员，
南开大学科学技术史研究中心主任

如果我们要想由制造大国变为制造强国和实现高质量创新发展，就要打造有竞争力的、起引领作用的品牌。产品没有品牌，竞争力就不够强。努力通过创新打造品牌，对中国制造业乃至经济发展都将起到强劲的引领作用，这是一个带动整体发展的问题。

上天有神舟，下海有蛟龙，入地有盾构——借着国产盾构机的崛起，多类工业项目应势跟进，挺起了制造业的脊梁。

因铁路而兴的郑州，再一次以全国高铁和既有干线双十字交叉的核心位置站在了新的起点上。

2018年11月18日，中共中央、国务院发布的《中共中央国务院关于建立更加有效的区域协调发展新机制的意见》明确指出，以重庆、成都、武汉、郑州、西安等为中心，引领成渝、长江中游、中原、关中平原等城市群发展，带动相关板块融合发展。

根据国务院2016年批复的《中原城市群发展规划》，中原城市群包括河南省的郑州、开封、洛阳、南阳、安阳、商丘、新乡、平顶山、许昌、焦作、周口、信阳、驻马店、鹤壁、濮阳、漯河、三门峡、济源，山西省的长治、晋城、运城，河北省的邢台、邯郸，山东省的聊城、菏泽，安徽省的淮北、蚌埠、宿州、阜阳、亳州等5省30座地级市。

中原城市群地处全国"两横三纵"城市化战略格局陆桥通道与京广通道交汇区域，"米"字形高速铁路网和现代综合交通枢纽格局正在加速形成，立体综合交通网络不断完善,装备制造、智能终端等产业集群优势明显,物流、旅游等产业具有一定的国际影响力。

《中原城市群发展规划》指出,将中原城市群建设为:经济发展新增长极、重要的先进制造业和现代服务业基地、中西部地区创新创业先行区、内陆地区双向开放新高地和绿色生态发展示范区。

3

深圳,改革开放四十年的果实馥郁芬芳,从"中国改革开放前沿阵地"升级成为"中国特色社会主义先行示范区"。深圳的今天,固然有深圳人的努力,更离不开全国人民的支持。

春风隧道项目是深圳市"东进战略"重点交通项目之一,跨越福田区与罗湖区。路线全长约5.08公里,其中盾构隧道段长约4.82公里,是深圳市首条采用盾构施工的市政公路隧道。由于受地域限制,春风隧道的地下隧道部分只能采用"单洞双层"的结构形式,即分上下两层车道,并各设单向2车道加连续紧急停车带。隧道设计为小客车专用通道,设计时速为60公里。同时,该

图 1-10
"春风号"掘进机胜利始发

中国科技型企业的担当及创新实践

隧道平均地下深度在 20 米以下，最深处在罗湖火车站竟达到了 46 米，不仅施工规模达到了国内同类工程的顶尖水平，施工难度也极大。地下几十米深处，早在 2016 年就有来自河南的盾构机不断掘进。

还在河南郑州被订制组装的时候，这台为深圳定制的"春风号"掘进机就被很多媒体争相报道。大家主要聚焦于它创造的几个之最和其作为交通样板的意义，殊不知它还有更深的经济含义。

许多专家提出，21 世纪是隧道及地下空间大发展的时代。2021 年 5 月，广东省发布第七次人口普查公报，广东各市人口数据也正式出炉。不出所料，深圳和广州是人口净流入最多的城市，两市人口增量撑起了整个广东省人口增量的半壁江山。据 21 数据新闻实验室统计，40 年来，深圳常住人口从 31.41 万人增长至 1343.88 万人，增长了近 42 倍。庞大且增长迅速的人口，对深圳来说意味着强大的生产力和消费力，是经济社会发展的源泉。但伴随人口的急剧增加，生存空间拥挤、交通阻塞、环境恶化、城市急需扩容、地下空间的开发、城市地铁的快速修建等问题都摆在政府的面前。

春风路隧道采取"单洞双层"隧道形式，解决了场地狭窄、周边影响、通行干扰、空间布局等问题，隧道建成后形成"春风路高架＋春风隧道"的立体交通走廊，打通春风路交通瓶颈，极大提升了交通通行能力，改善了深圳"南环"快速交通系统的通行效率，对促进深圳东部地区社会经济的可持续发展具有重要意义。

实际上，深圳通过打通地下，串点成线，拓线为带，在更大范围、更高层次上推进了区域协调发展和经济一体化发展。

2021 年，中国高速铁路运营总里程超过 4 万公里，"四纵"与"四横"高铁网络干线提前建成，"八纵八横"高铁网加密成型。高铁网络带来的不仅仅是交通便利，更重要的是带来了奔涌的人流、物流、资金流、信息流，加速人才流动、产业转移、城市提质、区域合作，对推进沿线地区新型工业化、城市化、区域一体化具有十分重要的作用。

第一章 时代的呼唤

图 1-11
"春风号"
掘进机

整个世界是由无数个大小齿轮相互咬合作用而成,彼此需要打通阻碍,产生共鸣。"春风号"打通的不仅是地理阻碍,也打通了经济互通互融的阻碍。在从"制造大国"向"制造强国"迈进的征途上,中国工业有速度、有品质、有创新、有品牌,也有了底气和自信。

2019年,法国巴黎,大巴黎地铁工程现场,迎来了两个来自郑州的庞然大物——中铁装备的海外业务再获突破,为法国生产了两台大直径土压平衡盾构机。这是中国盾构机第一次反向出口到世界盾构机的发源地和高地,打破了国外企业对高端市场的垄断。"在巴黎,10年内完成200公里的隧道工程建设,堪称奇迹。但是我看到,在中国这种浩大的工程随处可见,希望能借鉴你们的经验。"法国大巴黎地铁公司董事、副总裁伯纳德·卡泰拉表示。紧接着2020年,中铁装备又成功签订出口格鲁吉亚的世界最大断面硬岩掘进机订单,在世界领域内填补新的空白。

截至今天,中铁装备盾构机已出口全球30多个国家和地区。全新的"中国品牌"展现给世界的是创造性的技术和颠覆性的设计。这正是中国工业人践行"三个转变"的一个缩影,浓缩了"振兴民族工业"的血泪史诗,也凝聚着无数工业人奋斗的万丈光芒。

中国科技型企业的担当及创新实践

精神力量可以影响物质发展。惟改革者强,惟创新者进,惟改革创新者胜,正在成为指引广大中国工业人不断前进的价值观。

"三个转变"究竟转变了什么?

如何推动制造业高质量发展?答案就在"三个转变"中。

2017年3月2日,中铁工业在上交所挂牌并成功上市,正式亮相A股市场,主营业务是高端装备研发制造。重组上市以来,中铁工业坚持以习近平总书记"三个转变"重要指示为指引,牢牢把握重要战略机遇期,紧密围绕战略目标,实施了诸多开创性的探索实践,实现了历史性突破和跨越式发展。

2021年初,工业和信息化部与中国工业经济联合会正式发布了第五批制造业单项冠军及通过复核的第二批制造业单项冠军企业(产品)名单。其中,中铁工业"道岔""架桥机"2个硬核产品榜上有名,中铁装备主营产品"全断面隧道掘进机"通过第二批制造业单项冠军企业(产品)复核。另外,2019年"桥梁用钢铁结构"已通过制造业单项冠军产品认定。至此,中铁工业主项产品全部通过制造业单项冠军企业(产品)认定。

图1-12 2017年中铁工业在上交所挂牌并成功上市

第一章　时代的呼唤

2021年2月23日,常泰长江大桥钢结构项目合同签约仪式在江苏扬州举行。中铁工业迎来高光时刻,该项目总中标38.54亿元,为企业重组上市以来单体最大合同额。

一份殊荣,一份大合同,为中铁工业上市四周年送上了一份"厚礼",当然,这一系列重要成绩的取得,归根结底是中铁工业坚定不移贯彻执行"三个转变"的珍贵成果和真实写照。

自从"三个转变"在中铁装备的盾构机生产车间发声以来,不断扩展、传播,引起了中国工业的一次次热烈回声。在中铁工业,你无论走到其旗下的哪个企业,都时刻感受到"三个转变"带来的无限活力,无论是企业管理者,还是一线员工,都对"三个转变"有深刻的理解和自身的实践。

那么,以中铁工业重组上市的经历以及其所属企业的光辉历程为参照,"三个转变"究竟转变了什么?

1

第一,推动技术创新体系更加健全。 实施创新驱动发展战略是一个系统工程,它可以打通从科技强到产业强、经济强、国家强的通道。我国高度重视企业在自主创新中的重要作用,大力推进以企业为主体、市场为导向、产学研相结合的技术创新体系建设。中铁工业从企业自身出发,努力打造科技创新体系,科技工作管理能力和管理水平显著增强。

一是创新平台管理机制日益优化。中铁工业建立了"公司管理委员会领导、平台管委会指导下主任负责制"的创新平台管理机制,保障公司创新平台的科学化、规范化和制度化管理和运行。

二是科研管理模式更加灵活。中铁工业制定并不断完善了科技开发项目管理办法等规章制度,形成了项目分类分级管理机制,项目管理更加精准有效,经费使用更加合理合规,充分保障了重大课题的按期推进实施。一系列灵活的模式操作，充分释放了科技创新活力，为下一步深化科技体制改革积累了宝贵经验。

三是科技研发投入大幅提升，研发投入占主营业务收入比例长期保持在4%以上。在倡导鼓励各所属单位加大科技创新投入的同时，公司也大幅增加了科研配套经费支持，特别是在支持所属单位开展新型轨道交通成套化技术开发方面，通过委托研发等多种形式给予了经费预算支持，深刻表明了公司重视科技创新的态度和坚定创新驱动发展战略的决心。

四是科技成果产出成效显著。中铁工业注重科技人员研发能力与科技成果创造能力双提升。每年定期组织开展科技管理业务培训，充分发挥专家对科技成果创造的咨询指导作用，设立中铁工业科技进步奖，从内部选拔出了一大批优秀科技成果参与更高水平的技术竞技。

五是知识产权发展量质齐升。中铁工业坚持强化专利保护意识培养，始终强调在专利挖掘方面下深功夫、做大文章，专利开发与科研项目紧密结合，计划管理机制成效初显，加上高价值专利不断投入市场，赢得了国家和社会高度认可。截至2022年上半年，公司共获中国专利奖金奖2项、银奖1项、优秀奖6项；获得授权专利2549件，其中国际发明专利11件，国内发明专利577件；主（参）编国家或铁道行业标准及工法141项，其中国家标准35项。"一种桥梁用Q345qDNH耐候钢的焊接方法"荣获第二十二届中国专利金奖，实现金奖蝉联；"一种用于大马蹄形断面隧道的可现浇支护的盾构机"荣获第二十二届中国专利银奖，实现银奖突破。

六是信息化体系建设扎实推进。通过近年来的发展，智能制造信息化建设顶层设计逐步加强，体系建设日臻完善，覆盖全公司的协同工作机制正在形成，中铁工业数据池为公司构建了统一的数据管理标准，企业的核心数据实现资产化、标准化、统一化，业务系统之间的集成问题有效解决，信息孤岛逐步化解，产品生产效率和生产质量大幅提升，为公司后续推广乃至全面开展智能制造信息化建设打造了典范，树立了标杆。

七是科技人才队伍不断壮大。近年来,中铁工业通过加强"有突出贡献中青年专家""百千万人才"等国家级专家和具有影响力的省部级及行业协会专家培育力度,引进和培养领军人才、高层次专业技术人才和高技能人才,进一步强化了公司科研力量,特别是通过与中国铁道科学研究院、西南交通大学、同济大学等科研院所、高等院校建立密切的产学研合作关系,为人才队伍提供了历练的平台。目前,中铁工业拥有百千万人才工程"有突出贡献中青年专家"2人,享受国务院政府特殊津贴专家14人,钢结构大师1人,茅以升科学技术奖获得者12人,詹天佑科学技术奖获得者5人。

基于科技创新体系的日趋完善,中铁工业的自主创新能力和产业技术水平不断攀升:以Q500qE高性能桥梁钢焊接技术成功应用为标志,钢桥梁制造、焊接、安装等成套关键技术实现新突破;以时速600公里高速磁浮道岔技术成功应用、时速420公里高速轮轨道岔为标志,道岔领域关键技术研究达到新高度;以1800吨级运架设备关键技术成功应用为标志,工程机械领域技术研究取得新进展;以马蹄形盾构等异形盾构关键技术实现产业化发展为标志,隧道盾构法掘进装备技术完成新超越;以全电脑三臂凿岩台车等装备成套化推广应用为标志,隧道钻爆法施工机械化配套技术迎来新机遇;以空轨和隧道污水处理装备关键技术产业化率先破局为标志,新兴产业技术集成发展打开新局面。

2020年,中铁工业智能制造信息化"一中心、三示范"项目正式投用,并作为装备制造行业的典范,入选工信部2020年大数据产业发展试点示范项目。

2020年10月,我国首台使用国家强基工程国产3米级主轴承盾构机"中铁872号"成功通过试掘进验收。在施工现场,这颗"中国芯"展现出了强大实力,受到业主好评。

2020年11月,智能化悬臂式隧道掘进机顺利下线,标志着中国中铁CTR系列化悬臂掘进机进入智能化时代,开启不断攻克行业难题推动悬臂掘进机行业技术进步的新征程。

2020年12月，基于北斗导航系统研制出铺轨机自动驾驶系统，这项国内首创的技术大大提高了铺轨机的自动化程度，将铺轨精度提高了4倍，并有效降低了成本，成为工程局"新宠"。

重组上市以来，中铁工业积极构建"开放、共享、绿色、协同"的科技创新体系，加大科技投入和人才引进，打造高端科研人才聚集地。心怀"国之大者"，主动承担破解"卡脖子"使命，申报了盾构机主轴承示范应用等7项国家重点研发课题。加强科技创新力度，"973计划"项目顺利通过科技部验收，完成3米直径盾构主轴承及减速机国产化应用。持续优化创新生态，形成了一批自主知识产权。截至2022年上半年，公司共获国家科技进步奖11项，省部级（含国家认可的社会力量奖）科技进步奖327项，成果鉴定234项，其中32项成果达到国际领先水平，104项成果达到国际先进水平；旗下两家企业入选"国家技术创新示范企业"。科技创新工作得到国家和社会的广泛认可，充分彰显了公司科技创新能力和水平。

2

第二，促使企业发展质量不断提升。

在中铁工业，质量有三个方面的含义。

1）把脉国家宏观政策，提升经营质量。旗下中铁装备认真实践供给侧改革，紧抓国家"一带一路"建设机遇，加快企业经营结构调整，积极参与国际产能合作，在成功收购德国维尔特公司的硬岩掘进机和竖井钻机知识产权及品牌使用权的基础上，不断加快消化、吸收、再创新步伐，在维尔特注册地德国埃尔克伦茨成立了克瑞格公司，聘用了原维尔特的专家和技术骨干，同时向海外派驻优秀的研发设计工程师，加快推动新产品研发和项目落地。

2）注重理念变革，提高发展质量。一是公司努力践行社会责任，依靠自身发展带动更多的合作伙伴转型升级，先后与厦门厦工、南宁广发、济南重工等企业成立合资公司，依托中铁装备的技术优势和本地重工企业的属地优势，联合进入地铁、市政及地下空间开发领域，推动当地装备制造业发展，服务地方经济建设。同时，依靠"轻资产"运营的模式，中铁装备也实现了"小投入"撬动"大市场"。二是推行精细化制造，提高制造的智能化水平。申报2016国家盾构机智能制造项目，开始在车间引进焊接机器人，大步推进"智能制造"进程。三是大力推动"两化"融合，打造现代高端制造服务企业。成立了信息技术研究院，把推广信息化建设作为转型升级的总开关，利用现代的信息技术将科研、生产、管理、销售、服务各环节数据化，从单纯的技术服务转变到"技术服务+信息服务"，以信息化推进工业化发展步伐，促进企业转型升级。

3）加强各环节管理，提升产品质量。中铁装备设立了标准研究所，启动企业标准的编制，同时推动国家、行业标准的编研；推行设计的标准化、模块化和信息化，减少人为因素对设计质量造成的影响；建立健全了质量责任制，推行质量一票否决制、工序实名制和三级检验制，促进了产品质量持续改进，公司产品出厂合格率达100%；公司运用远程监控技术，对出厂的设备运行情况进行实时检测及数据分析，为工程施工保驾护航。公司先后被授予"全国质量诚信优秀典型企业"、全国"质量标杆企业示范"奖。2021年9月，中铁装备荣获中国质量领域最高奖——中国质量奖。中铁装备是中国隧道掘进机行业首家获得此奖项的企业。在"三个转变"重要指示的指引下，中铁装备质量管理经过多年的实践探索和理论总结，融合盾构刀盘设计理念，创新建立"同力创造、心系质量、圆梦品牌"的同心圆质量管理模式。这套模式以"高端定制、卓越品质、智慧服务"循环驱动为支撑，以

图1-13 中铁装备荣获中国质量奖

中国科技型企业的担当及创新实践

"全面打造地下工程掘进装备和服务领域世界品牌"为目标,以客户为中心,以研发、制造、服务三大管理体系为保障,以自主创新、协同创新、原始创新,平台管控、集成开发、赋能工程,5S服务、云端服务、全景服务等九个方法为抓手,形成了一套非标、定制化、大型装备的质量管控体系。在全国100余家参评企业中,中铁装备的"同心圆"质量管理模式脱颖而出,受到第四届中国质量奖评审专家的高度认可。

重组上市以来,中铁工业深入学习贯彻"三个转变"重要指示,持续进行自我革命,学习新思想,接纳新事物,促进企业提质增效、瘦身健体,不断提升核心竞争力,永葆发展活力。

公司明确了管控模式和两级企业功能定位,推动集团化管控,构建了项目精细化管理体系。调整产业布局,产业结构进一步优化,企业规模效益和发展质量大幅提升。在聚焦主业,保持传统优势产业核心竞争力,业内领先地位得到进一步巩固的同时,不断开拓新产业,工程服务贡献度逐年攀升,新制式轨道车辆成功破局,环保产业提速发展,水利、矿山领域实现突破,装配式集成房屋借船出海。

上市以来,中铁工业积极布局新型轨道交通产业。目前,"新时代号"跨座式、磁悬浮、悬挂式及低地板氢能源有轨电车等新型轨道交通车辆已经成功试跑。

2020年5月,自主研发的国内首套盾构施工渣土环保处理系统在深圳地铁14号线成功投用。这一系统让渣土秒变成宝,不但保护了环境,实现了渣土回收再利用,还产生了很好的经济效益,为绿色施工、城市基建增添新"法宝"。

2020年7月,自主研制的大吨位污水处理成套设备"超级净水器"成功下线。10月,承建的成都市郫都区团结临时应急污水处理厂顺利通过验收,该污水处理厂是国内少数大规模应急生活污水处理厂采用全装备化系统解决方案的成功案例,也是中国中铁在环保产业基建领域外又一创新实践。

3

第三，深刻转变了全体员工的思维模式。

"'三个转变'重要指示对我们企业是一种动力，更是一种鞭策。"中铁工业负责人表示，中铁工业将持续深入践行"三个转变"，加快企业转型升级，在创新创造、品质质量、品牌建设方面实现新飞跃。为此，中铁工业列出了近100项的任务清单，并开展了践行"三个转变"量化考核评价工作。

在具体实践中，中铁工业将"融合创新""借鉴创新""精准创新"作为技术发展的"主驱动"，大力倡导"传承超越、创新发展"的理念，推动质量观念变革，树立"产品是人品、质量是道德"的品质观，制订了品牌建设三年计划、五年规划和品牌管理体系，并在业内率先成立了品牌中心，以生态系统思维研究品牌、培育品牌、运营品牌。中铁工业切实把"三个转变"重要指示转化为建设世界一流装备制造企业的生动实践，取得了一系列丰硕成果。

重组上市几年来，中铁工业新签合同额年均增长率达23%以上，顺利完成了企业发展的主要指标任务，履行了上市承诺。公司隧道掘进装备进入军工、采矿、水利等新领域；钢结构产量突破110万吨并完成海外落地建厂；国内最大、最先进重载高锰钢辙叉基地投入生产，工程服务业绩快速增长，环保产业PPP项目落地；在德国、日本、新加坡、老挝、孟加拉国等国家和地区完成产业化布局，加速全球化进程。

中铁工业自主研制的世界首台马蹄形盾构机、大直径硬岩TBM"彩云号"、世界最小直径TBM、大直径泥水平衡盾构机"春风号"，连续三次刷新了世界最大矩形盾构机纪录；研制的40米跨1000吨级架运装备、1800吨级"空中架桥机"，实现了世界首创。在京张高铁中，中铁工业制造的官厅水库特大桥成为沿线的一道风景。

2020年5月10日，在北京举行的"三个转变"与高质量发展研讨会暨

图 1-14 全球首台马蹄形盾构机应用于白城隧道项目

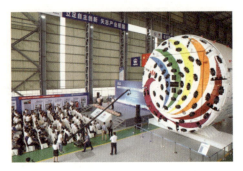

图 1-15 大直径硬岩 TBM "彩云号"下线

图 1-16 40 米跨 1000 吨级架运装备在河南新乡首架成功

图 1-17 官厅水库特大桥

第三届中国品牌战略发展论坛期间,世界首台矿用小转弯全断面硬岩掘进机在中铁装备盾构总装车间下线。该设备将用于贵州省四季春煤矿,标志着中铁工业在隧道掘进机领域的研发正朝着更新、更精、更前沿、更广阔的方向不断迈进。与此同时,中铁工业自主研制的首批国产化 6 米级盾构主轴承、减速机精彩亮相,这标志着我国盾构核心部件国产化取得重大突破。此前,国内最大直径(9.83 米)敞开式硬岩掘进机"云岭号"5 月 8 日下线,该设备为中铁工业自主研制,将用于云南省滇中引水工程。眼下,中铁工业正全力推进高原高寒极端装备的研制,确立了 15 项极端装备研制计划,其中超大直径 15 米级岩石隧道掘进机,大直径的竖井钻机,将打破国外纪录,创世界第一。

在中铁工业,不论是总部,还是旗下公司,走到哪里,人人都会和你说

图 1-18 首批国产化 6 米级盾构主轴承

图 1-19 大直径 TBM "云岭号" 顺利空推步进

创新讲创新，创新观念深入人心。同时，他们加快理论创新，加大基础理论研究，占领行业制高点。2015年3月，中铁装备承担的"TBM 安全高效掘进全过程信息化智能控制与支撑软件基础研究"项目，成功获批国家重点基础研究发展计划（"973计划"）立项。目前，公司正依托该项目，搭建世界最大的掘进机大数据库和云计算中心，将有效解决掘进机的智能设计制造、智能控制和远程服务问题，最终使"无人值守、智能掘进"变为现实。

4

第四，推动了中国民族品牌的发展。

创新提升质量，质量成就品牌。重视品牌推广已经成为现代企业的共识，它将企业和产品的优势进行融合，转变为影响市场认同的优质资产，是打造国际品牌的必由之路。2017年4月，国务院批准将每年5月10日定为"中国品牌日"。2018年5月8日，中铁工业成功举办2018中国品牌战略发展论坛暨"三个转变"重要指示发表四周年郑州峰会，分享了"中国品牌日从中铁装备走来"的特殊意义。中铁工业还专门发布了考核指标，其中对于"品牌强度"有专门的评价要求。

中国科技型企业的担当及创新实践

重组上市以来,中铁工业坚持把品牌思维渗透到公司运营管理各个层面。加强"一体多元"品牌体系建设,持续打造"中铁工业 世界品牌",培育了"六合易家""新时代号"等产品品牌、"盾构咖啡"等文化品牌。不断加大品牌推广力度,连续举办高端论坛,参加国内外知名展会,亮相主流媒体,全方位展示企业品牌形象。坚持塑形创誉,公司先后荣获多项重量级荣誉称号。

在保证中铁工业母品牌统一性的前提下,充分发挥各子公司子品牌的独特性和创造性,培育打造"红色山桥""品质宝桥""创新科工""品牌装备""匠心九桥""专业工服"等企业子品牌,逐步形成各美其美、美美与共的良好局面。

中铁工业始终把党建引领、强根铸魂作为企业发展的前提和优势,大力开展党建工作创新,形成了以红桥党建、彩虹党建、蜂巢式党建、红盾同心圆党建、"铁流"党建、"六廉"文化等为一体的党建品牌矩阵。

2019月9月23日,万众瞩目的"伟大历程 辉煌成就——庆祝中华人民共和国成立70周年大型成就展"在北京展览馆盛大开幕。中铁工业研制的世界最大断面矩形盾构作为新时代以来中国高端装备制造业大胆创新、后发超越

图1-20 中铁工业党建品牌矩阵

的典型，入选 150 个"新中国第一"并亮相成就展。

2022 年，经专业机构评定，中铁工业品牌价值再创新高，品牌价值 139.05 亿元、品牌强度 939，连续多年实现持续跃升。

中铁工业目标远大，希望真正树立起国际品牌，为我国高端装备制造业跨越式赶超并抢占世界制高点，闯出一条新路。例如：中铁工业旗下中铁装备，针对城市下穿隧道建设切断干道造成拥堵的问题，研制出世界最大断面矩形盾构机并应用于郑州中州大道下穿工程，开创了市政道路建设的新模式。由于应用成功，该产品与工法逐步推广到天津、成都、宁波等地，随后还引起新加坡业主的关注和青睐，新加坡业主经过考察、比选国际同类产品，最后选择采购中铁装备 2 台该类设备，成为国产异形掘进机走向海外的首个成功案例。为了打破国外品牌硬岩掘进机长期垄断我国水利工程市场局面，2015 年 1 月，中铁装备联合中铁隧道、山东大学等单位研制了具有完全自主知识产权的国产硬岩掘进机，推动我国硬岩掘进机技术成功跻身世界第一方阵，目前设备成功攻克了最复杂地质段并实现首段贯通，已累计掘进 6000 多米。在此基础上，公司持续加快技术创新，又于 2016 年 1 月，成功研制世界最小直径（3.5 米）硬岩掘进机，该设备被世界知名建筑承包商意大利 CMC 公司采购并应用于黎巴嫩大贝鲁特供水项目，这也是中国自主品牌的硬岩掘进机首次被欧美国家采用，成为中国"智"造高端装备走向成熟的重要标志。

5

第五，带动了中国企业的全球布局。

"中铁工业，世界品牌"作为公司企业愿景，同当前践行的海外"优先发展和优质发展"——即海外"双优战略"相辅相成。

重组上市以来，中铁工业充分利用国家制造强国战略引领和自身资源整合优势的有利条件实现了高质量发展，其中，"国际化"发展的投入和步伐也在

中国科技型企业的担当及创新实践

明显加大。公司产品应用已覆盖5大洲43个国家和地区，盾构、道岔、钢结构产品在欧美发达市场取得重大突破，铁路铺架设备、隧道掘进设备等施工装备在站稳国内市场后开始走出国门，公司还相继取得了美国、加拿大、德国、欧盟认证等一系列国际认证资质，为稳固和拓展海外市场奠定了坚实的基础。为积极推进海外"双优"发展，进一步扩大海外经营范围、增加海外市场份额，一方面，公司加大"属地化"经营和区域经营实施力度，设立亚太（驻地老挝）、亚非（驻地孟加拉国）、欧美（驻地德国）等区域代表处，逐步形成了"以点带面""内外互动""上下联动"的区域网络经营格局，成为实现海外订单增量经营的有力支撑；另一方面，公司也在大力推行属地化落地办厂，积极寻求国际化产能合作，努力加快公司国际化进程。

在稳步推进国际化发展战略的同时，中铁工业响应"一带一路"倡议，惠及沿线国家，产品服务了多个"一带一路"沿线国家的基础设施建设。2018年7月，公司研制的两台大直径（11.05米）盾构机成功下线，应用于奥地利承包商的阿联酋迪拜项目；2018年9月，"中铁262号"盾构破墙而出，标志着中铁装备为以色列特拉维夫红线轻轨项目量身打造的6台盾构全部贯通，这是以色列轨道交通史上首个采用盾构机完成全线掘进的标段。2018年，中铁装备还出厂了4台由日本和韩国客户采购并用于新加坡地铁建设的盾构，持续巩固了公司在新加坡市场的领先地位。2019年初，继中标意大利CEPAV高铁项目后，他们又连续接到丹麦哥本哈根地铁和法国大巴黎地铁10米级盾构机的订单，通过在欧洲本土拿到了欧洲客户的项目，与一些国际高端客户初步实现了绑定发展。2019年1月，中铁装备研制的我国出口非洲首台盾构机顺利下线，成为"一带一路"倡议助力中非合作的重要实践。2021年8月11日，我国出口欧洲超大直径（12.2米）土压平衡盾构机"中铁977号"在中铁装备天津公司顺利通过在线验收，设备将助力意大利那不勒斯-巴里高速铁路项目建设。这是目前我国出口欧洲最大直径土压平衡盾构机，也是继巴黎地铁16号线、意大利CEPAV铁路项目、波兰希维诺乌伊希切隧道、哥本哈根Sydhavnen地铁线延伸线项目外，中国高端装备服务欧洲市场的又一佳作。

2018年7月，中马友谊大桥实现贯通，中铁宝桥高质量完成了全部钢箱梁的制造任务，确保了大桥在复杂海洋环境下的合龙精度。2020年10月，瑞典首都斯德哥尔摩Slussen大桥正式通车，中铁山桥是该项目唯一的中国制造商。2020年12月，"一带一路"倡议的重要交通支点工程孟加拉国帕德玛大桥成功合龙。2020年底，克罗地亚佩列沙茨大桥开始主桥作业，该桥是中克建交以来规模最大的交通基础设施建设项目，中铁宝桥承担了81个梁段1.8万吨钢结构的生产任务。

在2021年5月，中铁山桥为印尼雅万高铁提供标时速350公里高速道岔，标志着中国高速道岔制造技术首次系统集成化出口，也标志着中国铁路道岔标准走向世界迈出第一步。在泰国、印尼、老挝、南非等国家，中铁工业制造的铁路道岔占据了市场主导地位。中铁工业重组上市时间虽短，跋涉犹长，有艰辛，也有喜悦，中铁工业人用实干与担当书写了时代的华美篇章。回望过去，艰难方显勇毅，磨砺始得玉成；展望未来，新蓝图已经绘就，新征程已经开启。以中铁工业为代表的中国企业必将持续贯彻落实"三个转变"重要指示，以更昂扬的斗志，更饱满的精神，更有力的举措，勇于担当、奋发有为，全面开启建设世界一流高新装备制造企业的新征程。

图1-21　出口雅万高铁道岔

中国科技型企业的担当及创新实践

战略破局的痛与快乐

2017年至今,中铁工业重组案例的意义正在不断显现。但很多人对中铁工业战略布局和转型发展智慧的了解,还只是冰山一角。

1

2017年初春,中铁高新工业股份有限公司重组上市仪式在上海证券交易所举行。中国中铁旗下中铁二局更名为中铁工业,并正式亮相A股市场。中铁工业是中国中铁深入贯彻党中央、国务院深化国企改革战略,优化国有资本配置,推动产业聚集和转型升级,将工业板块资产重组整合上市的全新企业。通过资产置换重组,解决了同业竞争的历史遗留问题,为中国中铁的道岔、钢梁钢结构和盾构制造等优势业务打造了独立的上市平台。

重组后,中铁工业业务领域涵盖铁路道岔、桥梁钢结构、盾构机、硬岩掘进机、大型特种施工机械、新型轨道交通的研发设计、制造安装,服务于铁路、公路、市政、城市轨道交通等工程建设领域。

重组之后的中铁工业焕发青春活力,连续几年,都在持续增长。充足的在手订单和营业收入的加快增长,为企业持续高质量发展提供了强劲动力和根本保证。

2

请注意,中铁工业的全称为中铁高新工业股份有限公司。高新两字,既表达了企业升级转型的核心竞争力,又是对企业定位的反复强化。用高新来诠释今天中国工业的全新面貌,中铁工业表达了一种新时代的工业雄心和对技术创

第一章 时代的呼唤

新的执着。

中铁工业旗下，每一个经历过生死考验的企业，都幸运地因为技术创新在关键时刻绝地反击。中铁山桥从诞生起，一直以铁路钢桥的修建为核心竞争力，在改革开放初期，公路桥的蓬勃发展给山桥一记重击，多亏技术创新突破，他们研究透公路桥，从此有了公路桥铁路桥双桥驱动，所向披靡。

中铁科工在历史上也经历了市场风浪的洗礼。早在1983年底，原铁道部第四勘测设计院就与中铁机械院组成联合科研小组，开展粉体喷射搅拌法加固软弱地基工艺及设备的研究，中铁机械院负责设备的研究、设计、制造。但由于这些喷粉钻机都是为特殊工况定制的产品，属于单件生产，通用性和普及性都不强，难以形成效益。考虑到在改革开放的推进下基建市场爆发、房地产火热、沿海地区建设加速，市场对软土基础处理设备的需求会上升，而且市场已经逐渐认可了喷粉桩机的优势，中铁机械院集中力量开始了喷粉转机的深入研究。通过改进钻机结构、应用电子计量技术，新型PH-5喷粉桩机的施工效率大幅提高，市场竞争力强。可是到了1993年，正当PH系列桩工机械占领市场的关键时刻，桩机转盘技术指数达不到设计要求，质量一时保证不了的难题出现。后来，中铁机械院及时掌握了喷粉桩机的核心部件——弧齿轮，让中铁机械院的喷粉桩机具有了其他产品无可企及的竞争优势，彻底成为"爆款"产品，该设备一跃成为企业的支柱产品，在20世纪90年代创造了近1亿元的产值，让企业转危为安，并为国家在同类基础工程施工中降低了工程造价25%左右，经济效益巨大。然而进入21世纪，喷粉桩机逐渐淡出国人视野，究其根本原因在于技术没有持续创新而逐渐失去市场竞争力。但喷粉桩机的火爆为中铁科工后来的发展奠定了坚实的物质基础，而且让企业掌握了一个重要经验，即唯有通过创新掌握原创核心技术、打造优质拳头产品才能实现突破发展。中铁科工在总结自己的企业故事时，骄傲地说，他们是"为创新而生，因创新而荣"。

创新的路上，中铁工业一刻也不敢止步。创新是痛苦的，而且并不是想创

新就能成功的。仅仅盾构机的研发，就经历近10年的痛苦涅槃，终于改变了中国需要进口盾构机的窘境。起于创新的中铁工业，在痛与快乐中赢得可持续发展能力，产品全部通过工信部"制造业单项冠军"认定，行业领军者地位进一步稳固。不仅如此，中铁工业向新的方向多元发展，新型轨道交通、新材料研发、工程技术服务、地下空间开发、装配式建筑等新兴业态方兴未艾。

对中铁工业来说，创新是不断循环、每日更新的常态。唯有日日创新，才有年年更新和保持业绩增长，中铁工业正用它的技术创新故事告诉工业领域的企业，奋斗路上没有懦夫，唯有狭路相逢勇者胜的信心和挑战创新的勇气，你才能不断成功。

3

在内外部环境风云变幻、组织变革和转型的背景下，中国企业各层管理者在战略相关话题上正不断经历真实挑战和困难。管理创新的痛甚至超过技术创新之痛。中铁工业的管理者深刻认识到："三个转变"对中铁工业具有的重大战略指导意义。

第一，"三个转变"为各级管理者在推动企业发展、解决战略困惑，提供了思想法宝。当前，中国制造业的发展已经走到了一个十字路口，不但要面对核心技术缺乏、产品竞争力不高等老问题，还面临产能过剩、出口萎缩、成本高涨、国内消费不足、国外厂商把控盈利丰厚高端市场等难题，制造业要怎样发展、要发展成什么样，以及在发展中先干什么再干什么，成为企业家、各级管理者推动企业发展思考的关键问题，"三个转变"从国际化视野为中国制造业未来发展怎么干、如何干、往哪干，指明了方向。

第二，"三个转变"为以技术创新推动产业发展，提供了发展路径。多年来，产学研未能有效合作，导致我国科技与经济"两张皮"的现象长期得不到有效解决。习近平总书记作出"三个转变"重要指示时指出，要加快构建以企业为主体、市场为导向、产学研相结合的技术创新体系。企业作为市场主体，是实现科技和经济有效连接的主体，是以技术创新推动产业发展的关键，产学研各方优势只有通过企业这个结合平台才能实现有效的市场衔接，实现科技和经济紧密结合。

第三，"三个转变"为企业探索适合自身特色发展道路，破解高质量发展瓶颈，推动生产力变革，提供了金钥匙。"推动中国速度向中国质量转变"中的质量不仅指产品质量，还包括发展质量。世界新一轮科技革命和产业变革方兴未艾、多点突破，提供优质高效多样化的供给体系，提供优质产品和服务，就要突破现有发展模式、思路约束。2020年10月9日，《人民日报海外版》以近整版篇幅刊发了中铁工业旗下中铁装备集团推动国产盾构机从无到有、从有到优、从优到强的逆袭历程，点赞中国"盾构经验"。中国盾构机产业的快速发展，一是得益于中国经济持续快速发展带来的旺盛市场需求，二是广大科技工作者把科技创新作为企业发展的主要驱动力，坚持自主创新、主动求变的技术路线，推动企业结构调整、转型升级，通过持续创新占领技术制高点，推进企业发展新旧动能转换，实现企业生产力变革。

第四，"三个转变"为检验企业高质量发展成效，提供了基本评价标准。"三个转变"从科技创新、质量提升、品牌建设三个维度对装备制造业提出了具体品牌标准，指明了装备制造业不断发展的路径和评价基本标准：实现中国创造、强化自主创新是前提，是实现中国质量的基础，中国创造是第一个维度；而实现中国质量、提升产品和服务质量是支撑，中国质量是第二个维度；最后又通过科技和质量落脚到中国品牌的实现上，即打造出具有国际影响力的装备制造业品牌，中国品牌是第三个维度。要瞄准"三个转变"目标，落实"三个转变"维度内涵，以是否做到"三个转变"检验工作成效。

得益于管理者对"三个转变"重要指示的不断思考，中铁工业能够不断贯彻落实国企改革发展创新等各方面的战略部署，更好地肩负起了大国重器的职责，在推进中国工业崛起的道路上行稳致远。

中国科技型企业的担当及创新实践

4

为了更好地引领和保障企业高质量发展，中铁工业毫不动摇地坚持党对国有企业的全面领导，以党建为统领，心怀"国之大者"、践行"两个维护"、抓好主责主业，在落实国家战略、服务经济社会发展大局上尽好央企责任、贡献央企力量，凝聚起践行"三个转变"的奋进力量。

第一，中铁工业着力解决好党的政治优势转化为企业核心竞争力的问题。中铁工业党委深入学习贯彻习近平新时代中国特色社会主义思想，践行"三个转变"，聚焦重大事项把方向、管大局、保落实。作为公司坚强领导核心，公司党委牢记总书记嘱托，准确把握企业战略方向，围绕建设世界一流高新装备制造企业目标，正确处理了企业管理中面临的矛盾关系，抓住科技型企业高质量发展的关键问题，对新时代企业发展方向进行准确定位，把国有企业的职责使命成功转化为自身发展的目标愿景，整合资源优势，打出了品牌建设、差异化竞争、极端装备研制、聚焦核心产品、突破前瞻技术、产业链延伸、全球布局等组合牌，运用资本运作与融资手段，推动品牌建设，提升品牌溢价，落实了高质量发展目标，成功抓住新时代发展有利机遇，把国有企业的独特优势转

图 1-22 中铁工业利用红色资源，开展主题教育

化为自身发展的核心竞争力，快速成长为具有行业影响力的世界品牌。

第二，中铁工业着力解决好传承红色基因与发扬新时代奋斗精神的问题。中铁工业的前身可以追溯到始建于1894年的山海关造桥厂，中共一大代表王尽美在山桥厂建立了秦皇岛地区第一个党组织，公司红色血脉百年流淌。公司党委持续推进企业发展史挖掘和重组后的企业文化整合，把服务国家、履行央企责任作为干部职工奋斗目标，立志成为一个具有世界影响力和行业话语权、让中国自豪的世界级品牌，用行动助力实现中华民族伟大复兴中国梦，形成了"传承超越、创新发展""中国品牌、世界共享""成就人类美好出行梦想"等文化符号，打开了干部职工的创新精神、思想格局和创业胸怀，教育引导广大职工守初心、担使命，努力为民族工业复兴添砖加瓦。培育了党的十九大代表、全国劳动模范王中美，全国人大代表、最美科技工作者王杜娟，全国劳动模范、全国岗位学雷锋标兵王汝运等新时代标杆模范，以一脉相承的拼搏精神、奋斗精神、创业精神推动践行"三个转变"发展引擎不断加速。建立了习近平新时代中国特色社会主义思想王中美学习小组，创造性地探索出了"蜂巢式"党建工作法等，将"守正创新，六廉兴企"作为中铁工业廉洁文化理念，建设"六廉"工作室，为企业高质量发展保驾护航。

第三，中铁工业着力解决好党的领导与融入公司治理的关系问题。作为上市公司，董事会是公司治理的核心。公司党委将加强党的领导与完善公司治理结构统一起来，完善双向进入、交叉任职的领导体制，全面推行党委书记和董事长一人担任，健全党组织议事决策机制，落实了党委研究讨论是董事会和经理层的决策重大问题的前置，实现了党委领导下的总经理负责制与董事会领导下的总经理负责制的有效衔接。在中国中铁范围内首家完成了党建总体要求进章程，党委成员依照法定程序进入了董事会、监事会和经理层。重大经营管理事项均按规定履行党委会前置程序，"三重一大"决策制度得到了坚决落实，提高了公司依法决策、科学决策、民主决策水平，夯实了践行"三个转变"的治理基础。

第四,中铁工业着力解决好党建工作与企业治理最后一公里问题。公司党委严格落实"两个责任",坚定不移抓好党风廉政建设,充分发挥考核指挥棒和党建巡察作用,在生产、营销、管理、党群、科研、质量、售后、子分公司、工程项目部等单元,从上到下建立起功能健全的各级党委、党总支、党支部,配齐了党务工作者,制定了基层党支部建设标准和考评办法,建立、丰富不忘初心、牢记使命的相关制度,把党的领导和党的建设镶嵌到公司改革发展的各个环节中,为企业强"根"固"魂",着力解决了党建与企业治理最后一公里问题,使党的领导得到充分发挥,党建责任得到有力落实,确保企业运行管理形成科学高效体系,更好地发挥出党组织的战斗堡垒和党员的模范先锋作用和战斗力,推动了"三个转变"实践。

5

世界科技风云变化,新一代信息技术与制造业深度融合,日益成为新工业革命的关键支撑,也成为深化"互联网+先进制造业"的重要基石。敏锐观察世界,中铁工业牢记"三个转变"重要指示,近年来努力打造"数字工业",为装备制造业转型升级赋能。

中铁工业对数字经济、数字化转型做了深刻研究,并分析了自身数字化转型的优势和可挖掘空间,坚定不移地认定,数字化工业是制造业实现高质量发展的必由之路。这项工作已经成为企业战略目标,是"一把手"工程,并对数智升级工程设定了明确的执行时间表。从2011年到2017年,中铁工业从"盾构互联网远程实时监控系统的研制"开始,逐步建立了"盾构云计算平台""TBM云计算平台""中铁设备管理云"等大数据应用平台,做到了设备提前预警、利用大数据技术帮助企业创造价值、降低成本。重组上市后,上线了党建大数据平台、财务共享服务系统、人力资源信息管理系统、干部人事档案管理系统和职称评审系统、专家评选系统、数字化成像检测质量管控系统等，研发了钢桥梁全生命周期检测系统，建设基于 BIM 技术的项目管理协同组织云平台，通过数字化党建、数字化财管、数字化人力资源、数字化舆情管理、数字化融合，最终实现业务整合，提升经营质量。新冠肺炎疫情暴发以来，中铁工业信息化团队，将近年来在企业数字化建设取得的成果，广泛应用于疫情防控、复工复产工作中，自主研发程序实现疫情管控全部电子化，依托数字化技术提升协同办公效率，利用数字化"云"平台助力高效复工，减轻疫情对生产经营造成的影响，为打赢疫情防控阻击战和确保年度经营目标实现提供坚强技术保障。

在这一系列实践中，中铁工业发挥自身优势，贯彻智能制造、推动数字化转型，全力打造"智慧工厂"。推进数字化转型，企业是主体，除了需要企业高层有决心、有毅力，真正理解数字化转型的内涵外，还必须根据企业自身的需求，结合在产业链中的地位、实力和发展愿景，制定个性化的"数字化转型"策略，制定数字化转型规划，采取有针对性的智能化解决方案引领数字化转型的过程。为此，中铁工业专门设立了信息贯通和数智升级的领导小组，主要领导亲自上手抓数字化转型，统筹规划、精准发力、分类指导、以点带面、分步实施。中铁工业旗下各分公司在总部的整体规划下，按照这一思路选择适合自身的差异化的推进模式和路径，将智能制造的精髓运用到生产经营实践中去，以效果和问题为导向推动数字化转型。

要实现智能化，打造"智慧工厂"，解决产品设计和产品制造之间的"鸿沟"，就要做到把工厂、车间整体与市场、科研的智能化联动：实现机器与机器、机器与人的畅通联接；实现云计算、大数据、移动应用等技术"智慧大脑"和移动互联网、工业互联网和物联网等通信技术"神经中枢"的协同联动；通过实现云 - 管 - 端的协同，将制造业与物联网深度融合，将各种部件联接起来组成网络，每个部件的信息能够实时上传到管理中心，实现产业价值流的优化。为此，中铁工业正付出不懈的努力。

在这个奋斗过程中，面对各企业参差不齐的发展现状，中铁工业通过定制化解决方案、推动数字化转型,建设了"一中心、三示范"项目,积极谋求"云"层之上的竞争优势。所谓"一中心、三示范",就是指建设智慧云中心,分别在盾构机、钢桥梁、道岔领域建设智能制造示范工厂。具体为把部分关键零部件的智能制造生产线作为标志性应用,推广工业机器人应用,实现全面数字化驱动,探索数字车间、智能工厂,打造盾构、钢桥梁、道岔智能制造4.0示范工厂,以科技创新催生企业新发展动能。

(一)中铁工业智慧云中心

中铁工业智慧云中心总面积2000平方米,按照国家标准GB 50174《数据中心设计规范》设计和建设,具有高"容错"可靠性和可用性,保障搭载的各信息系统稳定运行。云中心分为主机房、网络机房、配电间、电池间及管控中心等运维办公区域。中铁工业智慧云中心以虚拟化技术、云计算为支撑,以信息安全为核心,以标准化、模块化服务为主体,以运营服务为导向,基于云理念的弹性、高效、安全的基础设施资源运营服务中心,实现了基础软、硬件设施资源动态调度、自动管控、共享使用和业务快速部署,提高运营效率,降低运营成本,满足"创新、协同、共享、开拓"的智能制造信息化发展战略要求。

(二)中铁工业盾构智能制造示范工厂

中铁工业盾构智能制造示范工厂是全球顶尖的盾构制造工厂,通过建设企业一体化信息管理平台,有效打通了工厂各部门之间的信息壁垒,实现了商务营销、研发设计、供应链、生产制造、售后服务等全流程业务链条的数据贯通,促进了物资管理、生产计划、车间作业、质量管理的深度融合。示范工厂利用工业机器人、高精密数控机床、智能仓储等系统,实现了车间数字化及机加工设备的智能监控管理,并基于作业调度系统优化生产计划,实时收集与处理生产数据,有效提升企业精益制造管理水平。由此,在盾构机领域,中铁工业依托国家"973计划",掌握了基于大数据应用的TBM智能辅助掘进技术,攻克了高压水破岩技术、直径 6 米级主轴承国产化替代技术等"卡脖子"难题。开展了川藏铁路极端装备技术攻关,超大直径 TBM 等技术研发取得重大进展,智能设计、智能制造、智能掘进正在成为现实。

(三)中铁工业钢桥梁智能制造示范工厂

中铁工业钢桥梁智能制造示范工厂是国内领先、国际一流的钢桥梁智能制造生产基地。通过中铁工业数据池,集成实施 PLM(产品生命周期管理)、ERP(企业资源计划)、MES(制造执行系统)等信息化系统,并利用 5G+ 工业互联网以及先进的智能生产设备群,建成上下联通、业务闭环、典型覆盖的智能制造生产线。示范工厂以板单元智能制造生产线为支撑,建立 5G+MAC 的高精度网络,通过对生产设备数据采集、制造资源动态监控、数控机床分布式控制于一体的数字化生产线系统,实现制造数据采集、设备运维分析、人机协调控制。

(四)中铁工业道岔智能制造示范工厂

中铁工业道岔智能制造示范工厂是国内领军的道岔制造基地。通过以制

图 1-23 先进的重载高锰钢辙叉基地生产车间

造运营管理为核心的集团管控协同平台系统,以中铁工业数据池为基础,实现了以销售订单为驱动的多系统集成,通过数据可视化、透明化,实现了更好的业务沟通与协作。示范工厂以关键智能生产单元为支撑,实施了高速道岔总装线、高锰钢辙叉加工线、垫板焊接涂装线智能改造,广泛采用数控设备,利用物联网技术、仿真技术、智能监测和监控技术进行信息可视化管理服务。

由此,在铁路施工装备领域,世界最大的 1800 吨级架桥机很快下线,应用于杭甬复线高速公路建设中,这些"大国重器"为新基建赋能。中铁工业还研制了"新时代"号空轨、磁浮、跨座新型轨道车辆。"新时代"号空轨成功完成无人驾驶实验。智能制造正助力"基建狂魔"变为"基建智魔"。

"一中心、三示范"项目的实施,总体效果显著。将有效消除信息孤岛,实现数据贯通,提升企业数据规范性及信息共享能力,构建了"纵向贯通、横向集成"的中铁工业数据池,实现企业数据的统一标准、统一管理。用标准化、规范化的数据打通各类信息系统,使各子分公司、各部门能够利用、互通、共享高价值数据,在生产效率提高、运营成本降低、产品质量提升、研发周期缩短、单位能耗降低等方面取得显著成效,为我国轨道交通装备行业转型升级发挥了积极的示范带动作用,构建起企业高质量发展的新格局。

目前,在推进数字化转型中,2019 年 9 月,中铁工业依托"一中心、

图 1-24 中铁工业智能工厂获得 2019 年度中国智能制造最佳实践奖

三示范"项目，中标工信部"2019年工业互联网创新发展工程——工业互联网安全开发测试基础共性服务平台"项目，并获得国拨专项资金；2020年3月，中铁工业智能制造信息化"一中心、三示范"项目入选工信部2020年大数据产业发展试点示范项目，这是公司本部第一次入选工信部大数据产业发展试点示范项目；2020年5月，"一中心、三示范"智能工厂案例，荣获"2019年度中国智能制造最佳实践奖"，并在e-works"第十七届中国智能制造岁末盘点"发布；2020年8月，中标工信部"2020年融合应用软件项目——高端ERP（企业资源管理计划）"项目，并获得国拨专项资金。同时，"基于数据采集治理及挖掘分析的数据池应用方法及装置"同步开展了发明专利的申报工作。

6

2020年9月21日，由中铁宝桥自主研发的时速600公里高速磁浮道岔，在陕西宝鸡顺利通过中车青岛四方机车车辆股份有限公司组织的出厂验收，准予出厂进行现场安装和调试。时速600公里高速磁浮道岔是国家"十三五"重点研发计划"先进轨道交通"重点专项研究内容之一，中铁宝桥承担了时速600公里高速磁浮道岔系统的设计、制造、安装任务。这组道岔的研制是一次"无人区"的"中国创造"，实现了"领跑世界"的研发目标。

在战略破局的过程中，中铁工业不断进行管理创新、技术创新、党建创新，持续优化资源配置、整合研发资源、提高技术水平、优化生产经营管理、充分利用资本市场平台做优做强，努力实现"中铁工业，世界品牌"的宏伟愿景。

以世界眼光和国际视野打造具有全球竞争力的世界一流企业，是国有企业矢志追求的企业愿景。"三个转变"是习近平总书记以世界眼光审视发展问题，对标世界一流企业，在全球范围对中国工业企业及实体经济发展提出的目

标愿景。落实习近平总书记指示,对标建设世界一流企业愿景,就要综合分析如西门子、卡特彼勒、通用等世界一流企业的优秀实践,深入查找中国企业管理的薄弱环节,查短板、补漏项,坚决打破惯性思维、路径依赖,以改革创新驱动催生发展新动能,加快推动企业组织创新、技术创新、融合创新、跨界创新,深入推进数字化转型工作,促进质量变革、效率变革、动力变革,推动企业管控能力、资源配置能力和运行效率全面提升。

当前,广大发展中国家加快新型工业化、城镇化,进而实现经济独立和民族振兴方兴未艾,工业企业正充分利用一切机遇,把科技自立自强作为战略支撑。立足当前、着眼未来,中铁工业将坚持"高新技术改变未来"的理念,广泛应用大数据、人工智能等新一代信息技术,积极推动企业由传统制造向现代智造转变,乘中国由制造大国向制造强国迈进东风,响应"一带一路"倡议,不断提升"中国制造"新形象,形成"中国创造"新动能、"中国品牌"的新势能,对标一流,赶超一流,深入践行"三个转变",努力打造具有全球竞争力的世界一流企业。

战略破局的痛并快乐,始于时代呼唤,终于创造美好生活。

第二章

强国
的
回归

从兵马俑标准化生产到高质量发展

中国载人航天：走在"通往银河的路上"

忍：中国工业的百年孤独

新时代产业工人究竟是群什么样的人？

一场考古公开课,告诉我们:
对古代文物的解读和认知,将转化为科技文化自信,
使之成为中国新时代实现制造强国的更基本、更深沉、更持久的力量。

本章将从历史的脉络,揭示科技文化自信的回归之路。
无论迷失,还是清醒,
信念从未改变:人类共进、文明共享、世界和谐。

ECHO

第二章　强国的回归

从兵马俑标准化生产到高质量发展

1974 年，秦始皇帝陵兵马俑在陕西临潼区被发现后，旋即登上了研究者的案头。近半个世纪，关于秦俑研究的文章和著作，虽然不能说汗牛充栋，但其数量之多、范围之广，确是近年考古发现中罕有的现象。

当工业界提倡"工匠精神"的热度不断上升的时候，兵马俑坑中出土的上千件兵马俑和四万多件青铜兵器的制造之谜，忽然闪现在脑海之中。

或许，尘封的历史中，隐藏着苦苦求索的答案。

1

最典型的是"物勒工名制度"的发现。这个制度类似现在的品控。物勒工名指器物的制造者要把自己的名字刻在上面，这样便于监工检查制作物品的质量好坏。在兵马俑上发现了很多工匠的名字，比如秦跪射俑上的名字就是朝。秦俑上工匠的名字字数一般都很少，通常是两个字，最多的有 11 个字。

2006 年，在国家文物局和陕西省文物局的大力支持下，秦始皇帝陵博物院与英国伦敦大学学院开始合作研究，合作课题为"秦时期手工业生产的标准化和劳动力组织模式研究"。经过五年的中英合作研究，采用了多学科综合分析，结果表明，无论是青铜兵器还是陶制兵马俑，似乎都不是流水线生产，而是工匠以群组的形式进行组织生产的，或称为模块式生产。对比现代汽车制造业中的生产模式，秦代的兵器生产和陶俑制作，并不是像福特公司一样的大规模流水线，而更接近于"丰田公司"的模块生产。这成为重大考古突破。

2020 年 12 月，秦始皇帝陵博物院与英国伦敦大学学院（UCL）组成的研

究团队，在国际著名科技考古期刊 Archaeometry 上发表了有关秦俑生产模式研究的新成果《秦始皇兵马俑生产、后勤与供应链管理的地球化学证据》，该研究表明：秦兵马俑的生产采用了"多渠道供应"模式，由多个作坊生产相同的产品。这种多样化的多渠道供应链管理，很可能是一种"规模经济"，以便于在相对较短的时间内完成这项前所未有的工程，减少因技术困难或停工带来的风险。

青铜兵器和陶制兵马俑采取"模块化生产"，多个作坊生产相同的陶俑和兵器乃是"多渠道供应"模式——这一切听起来多么熟悉。今人应该为祖辈的智慧和创造力感到自豪。

专家提点 ｜ **张柏春**　中国科学院自然科学史研究所研究员，
　　　　　　　　　　南开大学科学技术史研究中心主任

在漫长的历史发展中，古代中国人在农业技术和手工业技术方面，都有杰出的表现。中国在一些重要领域长期领先于世界，或者居于世界先进水平，具备很强的竞争力。比如说，在18世纪欧洲发生工业革命的时候，中国的茶叶、瓷器、大豆等产品，都还有很强的竞争力。

欧洲崛起，在国际贸易中形成很强的竞争力，依靠的是工业革命中发展起来的技术。总的来看，中国古代农业社会的技术落后于近代工业技术，两种技术是有代差的。比如说，19世纪中国的棉纺织品就比不上英国等工业化国家以机器生产的同类产品。近代工业利用机器进行规模化生产，产品质优价廉，竞争力强。再比如，中国古代钢铁技术有自己的特色，但是到19世纪后半叶就与欧洲新发明的钢铁冶炼和加工技术形成了很大的代差。

19世纪60年代，中国开始引进西方兵器制造技术，成为先进科技的"学习者"。从那时到20世纪，中国一直在补科学革命、技术革命和工业革命的课，才有了今天这样一个局面。中国在改革开放的40多年里进步巨大，取得了举世瞩目的成就。没有这么一个进步过程，我们今天恐怕还谈不上追求高质量发展、中国创造和中国品牌。我们现在到了一个谋求创新驱动发展的阶段，努力实现由制造大国向制造强国的转变。

中国古代人是自信的。从新石器时代、青铜器时代到铁器时代，他们用最淳朴的方式，表达艺术理念，实现手工制造工具、生活用品和艺术品的科技创新，走在世界前列。今日，我们对秦兵马俑制造的考古研究越深，越能激发出崇敬之情。即便在现代，完成如此大规模的手工制造，也并非易事。科技自信弥足珍贵。一个人如此，一个国家和民族的科技文化自信亦是如此，它是实现成功的源泉。从新中国现代工业体系的全面建设，到改革开放的"摸石头过河"，再到今日新时代的发展，中国人沉淀出了中国特色社会主义道路自信、理论自信、制度自信和文化自信，引领着中华民族快步向复兴梦迈进。通过仰韶文化、秦兵马俑等重大考古发现和考古解释，每个工业人、每个制造企业，也要建树起工业文化自信。毕竟，从两千多年前秦兵马俑的制造上，就可以证明我们的能力并不弱。

其实，从古代的"车同轨、书同文"，到现代工业规模化生产，都是标准化实践的现实案例。但时间走到今天，仅仅实现工业标准化还不足以支撑起整个工业的转型升级。2017年，中国共产党第十九次全国代表大会首次提出了新表述"高质量发展"。那么，标准化与工业高质量发展是何关系呢？第一，标准化可以促进和引领科技创新，推动管理创新，进一步推动高质量发展；第二，时代发展迅速，标准化工作本身也要跟上时代要求，与科技和管理创新紧密结合，适应和支撑高质量发展。

专家提点 | **朱宏任** 中国企业联合会、中国企业家协会党委书记、
　　　　　　　　　常务副会长兼理事长

2021年是中国"十四五"开局第一年，在新阶段到来之际，我们更能体会到科技创新的重要性。

中国科技型企业的担当及创新实践

科技创新是一个民族生生不息的最强大的动力，同时也是中国制造业能够持续地沿着产业链向前攀登的重要路径，或者说是重要法宝。

我们面对的是一个科技革命和产业变革的时代，面对着社会生产方式和生活方式的变化，科技创新可以帮助我们抢得先机，牢牢地把握住发展的主动权。

有很多鲜活的例子表明，在制造业插上了科技创新的翅膀之后，它就有可能能够更好地面对国际金融危机的影响，能够更加有效地战胜类似新冠肺炎疫情带来的种种冲击。

在新时期，中国把科技创新作为发展的最重要的动力，并且强调要通过科技自立自强，实现制造业逐步壮大，这是我们要坚定不移走的一条路。

2

在与秦始皇陵遗迹距离大约 200 公里的宝鸡主城区渭滨区，坐落着陕西省唯一、中国中铁系统唯一一家全国文明单位"六连冠"企业——中铁宝桥集团有限公司。中铁宝桥，这家从三线建设时期成立的公司，书写了自改革开放以来连续 42 年持续盈利的经营奇迹。2017 年，中铁宝桥成为中铁工业旗下专注于大型钢桥梁和铁路道岔生产的骨干企业。

1997—2007 年，中国铁路进行了六次大提速，客运列车从最初的时速 120 公里加速到 250 公里再加速到 350 公里，中国由此走进了高速铁路时代。众多制造企业都在为铁路提速加速创新，但为什么中铁宝桥能在自主研发的客运专线高速道岔领域脱颖而出呢？回顾历史，就会发现这是企业厚积薄发的必然和历史的选择，也是宝桥人持之以恒走高质量发展之路的结果。

1970 年，宝桥厂就试制成功第一组道岔，即"庆九型"道岔。20 世纪 80 年代中期，企业在总结我国当时正线 12 号道岔长期运营实践的基础上，开发了机械加工可动心轨、可动翼轨及钢轨全长淬火等当时最新技术和成果，研制

第二章 强国的回归

了 60 公斤/米钢轨系列道岔，其中 60 公斤/米 AT 钢轨 12 号单开道岔作为 60 公斤/米系列道岔的代表产品和第一种型号，是对我国传统道岔产品第一次实施改进的标志性产品。1986 年，该型号产品获铁道部科技进步二等奖。该系列道岔的研制成功和批量上道运营，缩短了我国铁路道岔制造与国际先进水平的差距，使中国铁路道岔研制从"道岔技术等级低、轨型轻、制造工艺落后"的状态中摆脱出来，达到 20 世纪 80 年代的国际水平。当时，宝桥厂生产制造的铁路道岔就已经覆盖大半个中国。

20 世纪 90 年代中期，中铁宝桥作为铁道部提速道岔联合设计组重要成员单位，率先研制出直向通过速度 160 公里/小时的 60 公斤/米钢轨 12 号提速道岔，为解决我国铁路运输"卡脖子"状况奠定了坚实的基础。1996 年，该产品获"国家级新产品"证书。1998 年，又生产制造了当时我国首组号码最大、结构最新、侧向通过速度最高的 60 公斤/米钢轨 30 号单开道岔。这些产品的研制成功，推动了我国铁路道岔设计、制造达到国际同类产品 20 世纪 90 年代先进水平。

1997 年 8 月前后，宝桥厂制造的中国首批固定型高速铁路道岔在全国铁路条件较好的郑州铁路局许昌工务段京广线许昌—漯河间高速铁路试验段内进行了铺设，进行了 200~260 公里/小时的高速运行试验，在 1998 年 6 月 24 日 7 时 14 分 57 秒，提速试验车的电脑上记录下了 240 公里/小时的中国铁路

图 2-1
60 公斤/米钢轨 12 号提速道岔

中国科技型企业的担当及创新实践

第一速，实现我国铁路由准高速向高速运行的飞跃。

1999年，吸取提速道岔成功经验，借鉴国外高速铁路道岔先进设计思想，当时中国结构最新，直向通过速度最高，中国第一组秦沈客运专线60公斤/米钢轨18号可动心轨辙叉单开道岔在中铁宝桥研制成功，标志中铁宝桥高速道岔研发成功迈出第一步。

2003年，中铁宝桥研制的客运列车直向时速200公里的60公斤/米钢轨12号提速改进型道岔（VZ200）可动心轨辙叉单开道岔满足了铁路提速的迫切需要，标志着中国铁路列车直向时速由160公里提高到200公里。

中铁宝桥充分采用提速道岔的成熟技术并吸纳了道岔设计技术优化成果。2004年12月30日，研制的直向速度200公里/小时的60公斤/米钢轨18号（VZ200）提速改进型单开道岔通过铁道部运输局组织的验收。2005年5月，在60公斤/米钢轨12号提速改进型单开道岔研制成功的基础上，首次将可动心轨辙叉用于交叉渡线，研制了对铁路干线提速具有重要意义的60公斤/米钢轨12号提速改进型5.0毫米、5.3毫米、5.5毫米、6.5毫米间距系列交叉渡线产品，完善了产品系列，填补了国内道岔领域空白。后期，又组织技术人员深入上海铁路局上海、苏州、镇江、蚌埠等工务段，调研考察产品上道使用情况，不断优化道岔产品结构，提升产品质量品质，将VZ200系列道岔打造成当时公司名牌产品，奠定企业行业龙头地位，并被确立为"铁路器材研究发展基地"。

3

2006年，胶济铁路客运专线进入实质性建设阶段，设计客运正线长度362.5公里，其中新建客线173公里，高密到即墨等部分区段能够满足时速250公里动车组全速运行，堪称中国高铁"小提速"，预示着中国自主研发的客运高速道岔进入小批量生产。

从试制到规模化生产，由于装备、人员、场地等客观条件限制，生产、管理、质检等问题不断涌现，干部职工从优化工艺、完善工装、改善生产组织、适当储备人手等出发，不断提高生产效率，提升应变能力，化解生产问题。2006年，由于客专台板精度要求高，顶面要进行防腐和减磨处理，在加工过程中不能沾油污，不能有夹、敲痕迹，面对这一难题，职工找来废弃报纸，一块一块包起来进行摆放，并做出详细标记进行区分。加工过程中，严格执行"自检、互检、专检"制度，确保产品制造过程质量控制；同时，斥资改进既有设备和车间生产作业条件，改造铣床，安装数字显示仪，为提高制造精度和生产效率提供了有力保障。2006年12月，道岔车间铣刨组在连续24小时延班奋战下，完成18组450余块客专道岔台板生产任务。

为确保铁道部2007年4月18日新的运输线路图的实施，上海铁路局必须在2007年1月5日前完成首批时速250公里线路的改造任务。此时，上海局对宝桥制造非常信任，将首批26组客专道岔生产任务交给宝桥。这是一个光荣的任务。企业两次隆重召开大干上海局客专道岔再动员鼓劲大会，并在公司道岔生产系统和相关部室开展劳动竞赛活动。历时18天，中铁宝桥不负众望，顺利完成上海局客专道岔生产任务，并一举创下10天完成4组客专道岔试铺、组装、发运的惊人纪录。

4

1995年以后，在原铁道部的组织下，宝桥厂以技术考察团的形式，前往法国科吉富公司、奥地利奥钢联公司等企业做技术考察。2006年10月31日—11月12日，公司委派十四人赴法国科吉富公司接受高速客专道岔生产制造管理培训。在为期两周的培训期间，赴法人员进行了认真的学习和对比反思，先后参观了其位于巴黎和斯特拉斯堡附近的两个道岔厂及位于卢森堡的道岔厂、斯特拉斯堡附近的电务转换设备制造厂，还到法铁施工现场参观了其正在铺设的客专道岔，并接受了法国科吉富公司生产管理、质量管理、产品检验、辙叉组装及道岔生产过程、电务转换设备等方面的培训。经过培训，使技术骨干了解到法国科吉富公司的多方面情况，亲身体会到了他们对产品质量的精益求精，对工作认真负责的态度，以及他们现代化的管理方式，感受到了法国科吉富公司在技术创新、管理体系、职工作风方面的强大优势和独到之处，也真实体会到国内企业发展的巨大差距和发展紧迫感。回国后，他们通过编辑教材、专题培训等形式开展客专道岔技术培训，将学习成果向全员传授。

2007年9月6日，中铁宝桥公司召开合宁铁路49组法客道岔生产动员会，成立了以总经理为领导的法客道岔服务协调小组，统筹安排部署，实施全新的激励模式，与道岔车间签署责任状，首次采用推行以签订生产责任状方式，强有力地来推动法客客专道岔的生产，启动重点工程建设。

工程以引进法国技术生产的时速250公里的60公斤/米钢轨18号可动心轨单开道岔试制拉开序幕。从图样设计到首组法客道岔试制再到成批生产，技术组携同研发部、质管部相关人员进行连夜攻坚，为了在保证质量的同时兼顾进度，经多方论证，果断决定利用人工打磨，弥补整铸的先天不足，使致命问题在最短的时间内得到了有效解决。

想象一下，如果中铁宝桥的员工乘坐时间机器回到两千多年前，他们可不就是那些物勒其名的工匠吗？用标准化的要求进行研发，并向高质量发展不断发起冲锋，才使得他们创造了质量管理领先和连续42年持续盈利的经营奇迹。

图 2-2　时速 250 公里的 60 公斤/米钢轨 18 号可动心轨高速道岔

图 2-3　时速 350 公里的 60 公斤/米钢轨 18 号可动心轨高速道岔

第二章　强国的回归

随着第六次大提速的到来，高铁道岔安全性、平顺性、舒适性、平稳性的要求被提了出来，在以 350 公里 / 小时高速行驶的列车上，放上一个杯子，杯子里倒进水，过道岔时，水不溢出来，立一个硬币，硬币不倒，这是最直观的检测要求。但是高速道岔就 18 号单开道岔而言仅钢轨件就有 14 根，42 号、30 号、12 号道岔更多，还有很多其他零部件，靠螺栓连接，铁路再由很多钢轨道岔连接组成，要确保高速行驶的机车转弯，整体稳定，就必须要求每一个单件的质量都要提升，整体组装也要达到设计要求，否则轮子在钢轨上面跑，线路上有一点不平顺，就会造成列车晃车，水就会溢出来、硬币就会倒。

高速道岔与一般产品不同，它们每一组都是定制的、唯一的，虽然高速道岔型号以 18 号、30 号、41 号、42 号交渡或单渡线为主，可由于高速道岔生产的特点是品种多、批量小、精度高、工作量大、新产品多，影响产品互通性、通用性，对于以前生产普速道岔产品的中铁宝桥来说，从试制到更大规模生产，其实更多的是对整个科研、生产、质检等系统的重新组织，对企业来说既是机遇也是挑战。

通过引进道岔技术虽然大幅度提高了公司技术装备和工艺水平，为实现国产化打下坚实基础，但是企业要从传统道岔制造工厂向道岔技术系统集成供应商转型，不但要融会贯通高速道岔设计理念、制造技术，还要从企业管理、质量意识、管理思维进行系统变革，事情不可能一蹴而就。铁道部对高速道岔的生产条件要求越来越高，当时的领导班子成员清醒地认识到对现有设备、人员条件进行小调小改已经很难在短期内快速见效，他们审时度势按照国际一流道岔生产基地目标，决定投资 10 亿元在区位交通优势明显的南京建设集高速和客专道岔研发、制造、储运一体化的铁路道岔制造企业。该企业占地 25 万平方米，拥有设备 160 台套，设计年产整组道岔 2000 组，主要用于铁路建设的高速、客运专线以及出口，实现产业升级和产品结构调整。

围绕质量问题，中铁宝桥不断强化检验制度，完善质量管理体系，在同行业中率先通过质量、环境、职安和测量体系认证以及 ISO9001:2000 标准质量管

图 2-4　出口马来西亚道岔

理体系等认证，出台了质量、试验、检验控制程序等质量管理文件，全面加强了企业内部质量管理制度体系，并建立了卓越绩效管理模式。铁路道岔产品率先获得国家铁路局颁发的铁路运输基础设备生产企业许可证，并得到中铁检验认证中心认证。中铁宝桥采用 ERP 系统，编制了科学、统一的物料编码体系，建立物料主数据和工艺数据库，实现了道岔加工工序和工艺流程标准化，使道岔产品研制更节约、更高效、更环保。数控喷码技术的推广，确保了产品制造各个环节的可追溯性，每一个车间、每一名员工、每一道工序都严格执行产品自检、互检、专检制度，产品质量稳步提升。2013 年，"提高北美嵌入式组合高锰钢辙叉生产效率"获全国铁道行业 QC 小组优秀成果奖。2017 年新年伊始，宝桥独揽泰国铁路局曼谷火车站、邦苏火车站等六个标段铁路升级改造全部道岔供货合同，成为泰国、印度尼西亚、马来西亚、肯尼亚等国家铁路部门最大的道岔供应商，部分产品出口到加拿大、美国、德国、西班牙等发达国家。

5

目前，考古学家还未能完全找出两千年前秦国的工匠是如何完成超级工程的最终真相。但在今天，我们已经可以通过传统企业的转型实践，找到中国工业企业高质量发展的路径。

2020 年夏季，宁夏银川，宁夏共享集团一位名叫田学智的年轻人，年仅 31 岁就已经成为国家智能铸造产业创新中心智能工厂的设计总监。在他看来，当传统铸造业遇见 3D 打印，颠覆约六千年传统铸造的时刻注定到来。他说，企业不断输送人才一批一批地去欧洲学习，和世界上优秀的工业企业家接触，有助于了解世界上最新的技术，学会使用世界上最好的机器。"你增长了阅历、见识，了解了世界是怎样的，自然就会知道自己要去做什么、能做什么、做到什么。"这就是企业不断进步、他个人充满自信的来源。

无独有偶，宁夏共享集团输送人才到海外学习的主要目的地之一是奥地利奥钢联公司，而中铁宝桥也曾向奥地利奥钢联公司学习过。那么，今天的奥钢联公司又是如何看这些创新型的中国企业的呢？在大型高端铸钢件生产技术上，起初奥钢联是宁夏共享的老师，然而将 3D 打印与传统铸造嫁接确使宁夏共享走到了前面。当中国企业消化吸收并创新之后，这个当师傅的企业反而要回来向中国企业学习了。

一叶知秋。中国从来不缺乏工匠和工匠精神，缺少的是对工业文化的自信。今天，在强国回归的路上，要像先辈修筑长城一样，牢固地修筑起工业自信："敢于自信""实现自信""助力自信"。

不难发现，从兵马俑标准化生产的文物论证，到新中国建立以来工业领域取得的一次次重大突破，再到改革开放、新时代的工业磅礴之力，都在证明，"制造基因"早已融入国人血脉，只是很多企业还缺乏唤醒的机遇。

唯有敢于创新的国度，才是充满希望的热土；唯有勇于追梦的民族，才能创造光明的未来。

中国载人航天：走在"通往银河的路上"

北京时间 2021 年 10 月 17 日 9 时 50 分，神舟十三号航天员乘组成功开启货物舱舱门，并顺利进入天舟三号货运飞船。

中国科技型企业的担当及创新实践

这是中国航天事业向世界馈赠的又一份礼物。

那么,中国人在通往银河的路上,究竟走了多久?付诸了多少努力?

1

最初的故事,源起于神话传说。

盘古开天辟地,折射出祖先们对宇宙源起的思考;女娲炼石补天,承载着古代先哲对天空的好奇;夸父追日,透视出先人们对日出东方、日落西山的疑惑;嫦娥奔月,又反映出古代人们对月亮的向往……这些神话故事,太玄妙,也不真实,但无疑代表着远古时代,生活在亚洲大陆板块上的原始居民对太空的遐想。

而自从文字诞生以来,中国古人对宇宙天文的探索,又不止于神话传说了。从殷墟出土的商代甲骨文上,人们看到龟壳上已经刻有"干支纪日",早在三千多年前,中国人就已经懂得利用天干地支表述年月,再配合阴阳合历和圭表的应用,中国古代人已掌握如何利用日月移动来制订历法。

另外,敦煌莫高窟壁画中的飞天,从艺术创作角度表达了人们对游曳天空的遐想。莫高窟492个洞窟中,几乎窟窟有飞天。李白咏赞敦煌飞天仙女诗:"素手把芙蓉,虚步蹑太清。霓裳曳广带,飘浮升天行。"飘浮升天行,这也代表了中国人萌生已久的飞天梦想了吧。

再放大范围,在《西游记》《搜神记》《白蛇传》《封神演义》《聊斋志异》等诸多中国文学作品中,都或多或少地涉及航空航天飞行以及众多飞行器的发明。

明朝,一位职位是"万户"(一说名字是万户)的官员手执两只风筝,将自己捆绑在座椅上,椅后加装47枚火箭,用火点燃火箭后升空,但不幸殒命。他的行为具有划时代的意义,他以身试险,从科学试验的角度做出了"飞天"尝试，他被誉为"世界火箭飞行第一人"。1970年，在英国布赖顿召开的国际天文学会议上，月球背面一座环形山正式以"Wan Hoo"命名，从此，万户被众人知晓。

通往银河的路确实有些长……从神话到历法，从艺术创造到科学实验，中国人花费许久的岁月，不断探索，梦想终有一日，人类真的能够腾空而起，飞上天空，翱翔宇宙。

2

新中国成立以后，航天事业也被放在了重要位置。

"东方红一号"人造地球卫星的发射，拉开了中国现代航天活动的序幕。从那时起，中国人开始有步骤有计划地一步步发展载人航天技术。2003年10月，杨利伟成为中国首位叩访太空的航天员，实现了中国人长达几千年的航天梦想。紧接着，费俊龙、聂海胜、翟志刚、刘伯明、景海鹏等航天员陆续顺利升空……他们实现了"飞天"梦，并超越了人们的想象。

千年梦想为何可以一朝实现？

答案已经广为人知。离不开一代代科学家、成千上万的航天工作人员的辛苦钻研和默默奉献。

我们这代人是幸运的，遇到了最好的时代，目睹了飞天梦想实现的一个个光辉灿烂的重要时刻。更幸运的是，我们也透过一个个窗口，了解到成功背后的一个个故事。

北京卫星制造厂，恒湿恒温的工作环境下，工作人员正在细心地检查焊缝的X光片，"一毫米的焊缝气泡就意味着焊接的失败"，每一个焊点都关系到宇航员的生命安危。

中国珠海，一项关于宇航员专用太空表的抗压、抗磁等的测试从20年前

开始,至今已经经历不计其数的各项试验。要防止出现哪怕一秒钟的差错,这一秒钟的差错可能就会造成飞船失控以及危及航天员生命……

这些小故事看似微不足道,但对于航天事业意义重大。

3

上天有神舟,下海有蛟龙,入地有盾构。

制造业是国民经济的主体,是立国之本、兴国之器、强国之基。在新时代,已是制造大国的中国,要实现发展的可持续性,必然要经历由大到强的转变。而神舟、蛟龙、盾构,还有中国高铁,作为中国新名片,正在深刻改变中国,它们不仅仅是众多顶级高新技术企业创新合作的结晶,还是创新执行力贯彻落实的典范。这样的转型升级,正是中国制造在"三个转变"指引下谋求的重大突围,同时还在全国各行各业掀起了创新浪潮。

通往银河的路,充满了遐想和乐趣,我们用几千年的畅想和实践厚积薄发。

每一个中国工业人,都知道自己肩负着什么,希望着什么。

因为他们背后站着强大的祖国和有信仰的人民。背靠大树,不惧不畏,勇往直前。

忍:中国工业的百年孤独

一百年前,中国需要忍耐,忍受白眼和嘲讽,忍受炮火与欺凌。

一百年后,中国逐渐强大起来,还需要忍吗?

答案是肯定的。

第二章 强国的回归

1

百年间，中国工业遭遇的最大困境是西方国家的技术封锁。被称为"工业之母"的机床，直到今天，仍然要面临受制于人的窘境。

很多人都听到过这样一类故事：外国专家来中国检修机器的时候，或者中国技术人员到海外学习的时候，往往到了关键时刻，常常被外国专家派去干别的，不允许在现场看到一些核心技术。

为什么封锁？更多原因是怕我们学到。但是，正是因为封锁，反倒激发起中国工业人的民族精神，并在孤独的突围中不断挖掘和爆发出自身的潜力。

中铁装备的故事就很典型。动辄上亿元的进口盾构机，给国内企业造成工程成本居高不下的窘境，而且进口来的盾构机在使用过程中一旦出了问题，还要付出昂贵的经济和时间成本去维护。憋着一口气，自从2008年4月，中铁装备自主研发的国内首台复合式土压平衡盾构机"中国中铁1号"在新乡成功下线以后，市场完全被改变。国产盾构机成本大幅下降，而且根据国内的地质地形，还有了个性化定制，维修养护效率提升，成本也在下降。更可贵的是，中铁装备还要给庞然大物们安装智慧头脑，用手机遥控，人不入地，就可以遥控"地龙"干活。

让中国人自豪的高铁是如何做到的？是无砟轨道技术让高铁运行绝对平稳，是先进的控制系统在防止高速列车不追尾，是特殊材质的屏障让高铁不会产生很大噪音……这些成就的取得，同样是封锁下的突围。

2020年9月，京东方正式宣布柔性AMOLED屏幕方面实现了核心技术上的突破，并且还拿下了北京科技进步特等奖。京东方的崛起路程十分艰辛，一个靠着补贴过日子的企业奋发图强，终于成长为一代巨头。不仅如此，合作伙伴华为的出现也让京东方有了全新的发展道路。当初华为Mate9在屏幕方面被三星卡脖子之后，毅然找到京东方，从此二者开启了合作之旅，并且在手

机屏幕方面做出了不错的成绩。采用了新技术的 AMOLED 柔性屏也让京东方突破了自己的短板,补足了自己的弱点。

专家提点 | **张柏春**　中国科学院自然科学史研究所研究员,
　　　　　　　　　南开大学科学技术史研究中心主任

19 世纪末以来,欧美国家的企业创建了"工业实验室",并借此增强创新和产品研发能力,向着创新型企业方向发展。当今世界的创新型企业都建立了比较完备的研发机构,这类机构规模大,经费投入巨大,对前沿科技的消化和转化能力强,在技术上决定着企业的核心竞争力。创新型企业多了,中国工业和制造业就大有希望。

当然,问题依旧存在,不容自我陶醉。

像航空发动机、重型燃机、汽车发动机、操作系统、芯片、新材料等重要领域,目前对国外技术的依赖性仍相对较高,中国工业人还需保持隐忍,继续努力。

2

百年间,中国工业品还遭遇到被国际市场打压的被动局面。

北京金融街,北京产权交易所的一位负责人曾感叹:中国卖什么什么就降价;中国买什么什么就涨价。固然,这证明了中国市场的强大影响力,但却给中国工业的发展带来了巨大的经济压力。

中石油在新加坡设有油品交易大厅,这里是中石油亚洲油气运营中心"不见硝烟"却竞争白热化的主战场。1993 年,我国从石油净出口国转变为石油净进口国,如今,面对全球产业结构调整升级,以及构建"一带一路"的新机遇,中石油在新加坡的布局,就是为了更好更方便地与海上丝绸之路沿线 20

多个国家建立起业务往来。中石油亚洲油气运营中心是缅甸、斯里兰卡、越南、印尼、马来西亚等国家成品油进口主要供应商和新加坡当地最大的航油、船用油供应商。公司的年销售额达到530多亿美元，实现了全面属地化运营，在新加坡也是一家举足轻重的国际企业。

中国工业人都知道一个真相：制造业，不是你想买、你有钱就能买来的。一方面，别人不卖给你高技术产品，一些看似不重要的机器也是不允许卖给中国的，因为它背后能够揭秘更高精尖的设备。就连一台小小的洗衣机，很多机型也是不允许在中国销售的。另一方面，一些国家不允许中国产品进入当地市场，华为就是一个典型案例，甚至连装修房子、修剪草坪要使用的电动工具，最开始都无法进入超市柜台展示和销售。

我们不能长期处于国际产业链的低端，在关键技术和关键设备上更不能长期受制于人。不在沉默中毁灭，就在沉默中爆发。中国工业人正在像撬贝壳一样，一点点撬开国际市场的大门。中国电动工具制造商宝时得的一位海外市场部负责人讲到，他们在海外进不了超市，就自己"曲线救国"，采取电视销售，甚至自己办4S店的方式，终于打开了国际市场，并且也卖出了高价。

中国的工业发展起步较其他工业先进国家晚，但是发展速度却是极快的。面对技术封锁、市场挤压，我们依然能够灵活变化、转危机为机遇，这就是中国智慧。

3

浮躁是中国工业和科技创新的致命伤。"工匠精神"本质上就是脚踏实地、精益求精，一步一个脚印，而不是好高骛远。当年"海尔砸冰箱"就是呼吁"工匠精神"。现在是机械化、电子化和信息化时代，更要强化这种精神。

但为什么浮躁却少有人想。

中国科技型企业的担当及创新实践

究其根源，浮躁就是一种发自内心深处的不安全感。强国的回归，说明还不是强国，尚需努力和奋斗。

福斯润滑油（中国）有限公司一位负责人曾讲，"我们老福斯本来是一个艺术家，他父亲逝世以后接手了这个摊子。后来，他开始培养小福斯作为未来的接班人，三代人把做润滑油作为家族传承的事业来做"，"八十多年，就做这个东西（润滑油），沉得住气，耐得住寂寞，创造了世界顶级产品质量"。他还不客气地指出，很多中国企业，丢下主业去做房地产了，这样是做不好企业的。

坚守，通常是继承者们最优秀的品质。如何在企业发展的几十年，甚至上百年时间里，保证企业的可持续性发展，唯有坚守，坚持核心业务，守住自己的创业初心。

生命中真正重要的不是你遭遇了什么，而是你记住了哪些事，又是如何铭记的。时至今日，我们抬头看天，低头看脚下，还要为中华民族伟大复兴继续努力，贡献力量。

新时代产业工人究竟是群什么样的人？

全世界的产业工人都是一样的，在他们眼中，世界非常有趣。

比如，工业人聊起刀具的时候眉飞色舞，等人们在工厂或者工业博览会上，看到他们津津乐道的刀具时才明白，这些才是他们说的刀具，是用来切割飞机火车零件的。株洲钻石切削刀具股份有限公司是中国刀具行业的翘楚，他们生产的刀具并非普通刀具，而是硬质合金刀具，号称"工业之齿"，广泛应用于汽车制造、航空航天、机械加工、电子信息等众多领域，是一个基础性产业，关系到国民经济发展的质量和水平。而在"一五"计划之前，中国是没

第二章 强国的回归

图 2-5 株洲钻石的刀具展厅

有硬质合金工业的。20 世纪 80 年代以后，随着国家数控机床和汽车产业的发展，迫切需要老株硬厂（株洲硬质合金集团有限公司）从过去传统的焊接刀片加工，转向于适应数控机床加工的数控刀具。所以，今天的株洲钻石所生产的数控刀片、刀具，是金属切削加工过程中最尖端领域的产品，人们叫它"中国之刃"。

还有手套。对于工业人来说，他们的手套必须具备非常"硬核"的条件才能满足需要，要耐几百度的高温，要能抵御各种化学品的侵蚀。以最大程度的保护，给工业人十足的安全感，堪称工业人必备好物。在宁夏共享的铸造车间、在中铁山桥的电焊车间、在北京卫星厂的焊装车间，工人们都有自己的"硬核"手套。

在工业人眼里，吹风机不是用来吹头发的，它要同时拥有道路清扫处理、烘干水泥、烘干涂料、去除狭窄空间里的木屑等功能，所以工业吹风机比一般的吹风机拥有更强劲的风力，体积也比普通吹风机大数倍甚至数十倍。陕鼓集团有位"发明家"，为了解决电焊工身边空气污染的问题，发明了电焊吹风机，可以把电焊工身边的污浊空气吹走，保护工人健康。

硬核的装备、神奇的工具、有趣的制造——在今天，新一代的中国产业工人，他们受过高等教育，拥有较高的理论和实践水平，他们在生产线上的情形，完全颠覆了人们对传统工厂的印象。

1

在西北，宁夏共享集团特意留了一段老车间做对比。一路之隔，是全新的智能车间。从老车间到新车间的跨越，短短百米，却体现了两个铸造时代。

图 2-6　宁夏共享一路之隔的传统铸造工厂与智能工厂

图 2-7　"傻大黑粗"的传统工厂

图 2-8　"窈窕淑女"式的智能工厂

图 2-9　合理有序的工具摆放

宁夏共享铸造 3D 打印智能工厂,工作环境有"全空调"的呵护,工人在屏幕上按按钮就能控制生产,无论是工作强度,还是劳动环境相较传统工厂都有大幅度提升。

北京卫星厂的焊接车间是恒温恒湿的,这个制造了中国第一颗人造卫星"东方红一号"的老车间,经过升级改造,可以采用机器人焊接卫星。

上海张江,商飞 C919 事业部总装车间宽敞大气,而且管理采取军事化方式,严密严谨。

在这些车间里,清一色的都是年轻面孔。他们稚嫩清秀的面庞和大学生无异,却已经承担起国家重要的生产项目。中国商飞的员工中,35 岁以下的年轻人占 70% 以上,却承担了 C919 大型客机控制律攻关等 37 项民机关键技术攻关。

他们的出现,是以群为单位。一只蚂蚁是无法生存的,一群分工明确的蚂蚁才能连战连捷。大飞机只有聚集更多的年轻工业"蚁群",才能一飞冲天。

2

从"中国制造"走向"中国智造",需要大量高技能人才作为支撑。

徐建军,铸造高级技师,宁夏共享集团模具制作流程再造和模具虚拟设计带头人,木工模具车间就是他的舞台。但是眼下,危机感也强烈袭来。时代在改变,新材料、新技术层出不穷,在激烈的市场竞争下,如果不尽快掌握新工艺,很快就会被市场淘汰。因此必须完善产业结构,不断地提升工人的技能水平。"因为你有好的文化程度,才能操作这个 3D 打印机,不像你以前靠手工制作,只要招一个初中文化的来就可以干""3D 打印产业,对于我们公司来说,这是推动公司不断进步的一个方向",徐建军如是说。

3D 打印在 2002 年左右进入中国,在玩具制造、医疗器械、工业设计、

中国科技型企业的担当及创新实践

电子产品制造等行业已有应用,但在铸造行业并无起色,即便在全球工业先进国家,也仅仅为高端研发而用。如果这项技术能够改变传统铸造业的生产方式,改善铸造工作环境,能够让传统产业焕发青春,哪怕局部的牺牲也是值得的。徐建军坚信,自己将有幸参与一场伟大的变革。而这项变革一旦推广开来,首先要做出改变的就是自己。

3D打印的出现使铸造固有的工艺流程中长周期、高成本的模具不再被需要,直接跳过了徐建军操持了大半辈子的模型制作,所用砂芯一次打印即可成型。最早,这个工厂有模型工120个人,现在有了3D打印以后只剩60个人了。人员减少了,为什么呢?因为3D打印把模型工的好多工作"抢"走了,相当于他们自己革了自己的命,这倒逼人们必须进一步提升自己的个人能力。但徐建军依然对自己的技术充满自信,"3D打印有3D打印的优势,但是3D打印毕竟不是万能的,它会有很多解决不了的细小问题,还需要有经验的技术工人去解决它"。

万物"智联"驱动中国"智造",对新一代产业工人的要求也更高。而新时代工匠的伟大之处,在于他们并不惧怕创新引起的变化,更愿意看到整个行业的进步。这就是新的时代赋予新工业人的远大的视野和宽广的胸襟。

勇敢无畏,富有数字意识、数字智慧的"新产业工人",将成为数字时代的赢家。

第三章

富民的认知

一位盾构工程师的"忠孝两全"

创新型企业高质量发展与人民的幸福感

科技创新型企业的深远影响力

在"走出去"中增长智慧与自信

教育的革新：如何培养工业基础人才

天地之大，人民为本。
中国古代，富民思想源于《尚书》的"裕民""惠民"。
儒家把传统的富民观点，丰富发展成为一种治国安邦的经济理论。
凡治国之道，必先富民。

时至今日，
中国发展的最终目的是造福人民，必须让发展成果更多惠及全体人民。
补齐民生短板，实现高质量发展，
用"奋斗"换来"幸福"，创造高品质生活。
为人民谋幸福、为民族谋复兴，
努力让人民群众有更多的获得感、幸福感、安全感。

本章通过分享科技创新型企业的个人代表的故事以及社会的感受，
描摹家国情怀的铸就、工业人才的培养等工业领域的回声。

第三章　富民的认知

一位盾构工程师的"忠孝两全"

贺飞的家在贵州大山里,进出都要走很长的路。

2007年7月,23岁的贺飞经过40多个小时、1500多公里的车程,从贵州贵阳来到河南新乡。贵州年轻人的血脉里,一直有一种强烈的想改变家乡面貌的愿望,贺飞也是一样。上初中的时候,他就在假期参与村里的公路修建,帮助大人们开山拓路,改变家乡的交通面貌。"那时候都是人工开山,打眼放炮,我还打过眼……",在高三填报志愿的时候,他选择了"机械设计制造及自动化"专业,希望能够早日获得实现理想的能力。

但是让贺飞没有想到的是,他这个小小见习生才刚刚踏入机械制造行业,暴风雪就骤然来到。

图 3-1
贺飞拍的自己的家

中国科技型企业的担当及创新实践

1

2008年，中国发生了大范围低温、雨雪、冰冻等自然灾害。上海、江苏、浙江、安徽、江西、河南、湖北、湖南、广东、广西、重庆、四川、贵州、云南、陕西、甘肃、青海、宁夏、新疆等20个省（区、市）均不同程度受到灾害影响。其中，安徽、江西、湖北、湖南、广西、四川和贵州等多个省份受灾最为严重，尤其是贵州山区，电力、医疗、食品、蔬菜供应相对艰难。

已经一个月没有联系到家人，身在新乡的贺飞心急如焚。在春节放假前几天，他提前请假赶赴贵州老家，急切地想知道家里的亲人是否平安。

"我是大年二十六出发的，火车一路向南，断断续续地走，后来火车也走不了了，我就从怀化下了车……"，讲述到那段记忆犹新的回家经历，贺飞仿佛再次看到了那年的冰雪世界里，他随着返乡人群融入漫天风雪的场景。

一直走到深夜，再从深夜走到黎明。走到半路，贺飞接到了同事曾祥盛的电话，询问他是否到家。比他晚走两天的同事都已经到家了，但他还在路上。

200多公里的冰雪山路，步步崎岖，好在沿途设有救灾、救助点。行走在回家的队伍里，腿脚麻木了，神经麻木了，但是贺飞意识坚定：我要回家，我要回家！

大年二十九凌晨两点，经历三天三夜的风雪步行，终于到家的贺飞，亲眼看到了一切平安的亲人，一颗悬着的心才缓缓放下。但紧接着，由于一路风雪太大，贺飞病倒了，高烧不断，鼻子也被冻坏了。

"家里没有药，附近没有医生"，大年初二，贺飞的父亲和弟弟扶着他，一路往县城医院走。由于冰灾，客车停止运行，只能走路，走了3个多小时，好在路上遇到一辆挂着铁链防滑的桑塔纳轿车，在父亲的求助下，贺飞得以搭顺路车到了贵州石阡县县城。找到诊所的医生打完点滴，病稍微好一点，贺飞又匆匆去了贵阳火车站。

"那时候没有网络订票,要排队买票。我一个人拖着病体排队,差点晕倒,也没有买上票",倔强的贺飞不甘心,"得不到亲人的消息,就着急要回贵州老家,但是见到亲人一切平安,我又着急回新乡。因为我刚毕业、刚上班,不能给公司、组织添麻烦"……两难的选择,交织在心头。没办法,贺飞一咬牙一跺脚,花了1600元全价买了初六返回河南的机票,这相当于贺飞当时一个月的工资。这是贺飞人生第一次坐飞机。等赶回单位上班,他再次病倒,鼻子上的冻伤也没有恢复,只能继续治疗,"就输液打点滴,请假在宿舍休息养病"。

贺飞庆幸家乡的亲人一切平安,也庆幸自己能够赶回来工作。他的故事在公司传开,大家都说他"忠孝两全":对事业忠诚,对长辈亲人孝顺。

回忆起十多年前的这次经历,贺飞自己都无法想象,当年是如何挺过来的。在中国人眼中,忠孝两全是一件十分了不起的事。

故事才刚刚开了个头。因为在2008年年初的风雪归家路上,贺飞对"要想富先修路"这句话有了更深的理解——改变交通面貌,让人们出行更加方便,就要打通大山,而要打通大山,打眼放炮的落后方式已经远远跟不上祖国发展的速度。最有效的利器,就是盾构机。

2

2008年4月,中铁隧道装备制造有限公司自主研发的国内首台复合式盾构机"中国中铁1号"在新乡成功下线。"中国人自己研制的盾构机成功了!这太令人振奋了!"让贺飞更加振奋的是,自己就在现场,亲眼看见这一切。

庞大的"中国中铁1号"刀盘缓缓转动,"大国重器"的伟岸身姿震撼全场。中铁装备18名早期创业者艰苦卓绝的奋斗历程,更加激励贺飞和同事们,"我们要用更加强大的、拥有自主知识产权的掘进机,为祖国开山辟路、钻洞通途"。

图 3-2
"中国中铁 1 号"下线仪式

贺飞全程参与了"中铁 2 号"至"中铁 28 号"盾构机的设计研发。他把几乎所有的时间精力都用在了盾构机上。经过一段时间的熟悉，他伸手摸一下就知道螺栓的长度大小，什么零部件有什么功能、在什么位置他都一清二楚。贺飞参与了应用于重庆项目的 9 台硬岩盾构机的设计研发。该项目当年立项、当年设计、当年出厂。贺飞除了负责后配套设计，还承担了打图、叠图，指导生产、制造、组装服务等工作。在这个过程中，贺飞夯实了自身技术基础，并实现了设计师身份的转变。

时间倒回到 1997 年，我国引进了首台 TBM 设备，用于西康铁路的秦岭隧道。在当时国内使用的盾构机完全依赖国外进口。国内厂商则大多承担部分结构件的加工任务，未涉及核心制造技术。TBM 产品的研发、制造一直为国外厂商垄断，设备成本居高不下，进口来的 TBM 在使用过程中出了问题，维护时还会受到国外专家的百般刁难，费用更是从国外专家一上飞机开始就按小时计算。

这样的故事还有很多，被"卡脖子"的感觉很难受。花钱不说，还遭罪。"掌握不了 TBM 核心技术，就无法改变处处受制于人的命运。"那场暴风雪的经历，反而让贺飞刻骨铭心地感受到，我们可以改变一切。

2011 年，贺飞光荣地加入中国共产党，他立志为家乡、为祖国，设计制造出更加强大的盾构机,这个信念如同人生信仰一般,牢牢扎根在心田。

2012年,面对国家大型掘进装备的战略需求,中铁工程装备集团提出了"一主多元"的发展战略,成立敞开式TBM科研项目研发设计项目组,将TBM列入掘进机科研开发的重点序列,并由贺飞担任TBM研发总体设计负责人。

为了学习更多的技术资料,贺飞先后带领项目组奔赴兰渝西秦岭隧道、中天山隧道、引红济石引水隧洞、重庆地铁、辽西北引水隧洞等项目实地学习。贺飞和项目组成员实地调查研究学习,求教专家领导,学习TBM相关技术知识,为后来成功研制TBM打下了坚实的基础。

2014年1月,吉林引松供水工程招标会在郑州面向全球公开招标,这项工程将应用一台直径8米的TBM。当时,国内的设备厂商还做不了这样的设备。国际顶尖隧道掘进机制造商信心满满,志在必得。客户也对国内企业研制大直径TBM的能力表示质疑。中铁装备集团团队不做过多的解释,只是更加细致地结合工程做方案,做沟通,实事求是。最终,中铁装备以丰富的施工经验、过硬的技术和完美的方案,成功中标。这是中国隧道掘进机制造商第一次中标TBM项目,听到中标的消息贺飞激动不已。

中标后,贺飞和项目组成员立即全身心投入到这台名为"中铁188号"TBM的设计研发工作中去。正在他们夜以继日奋战的时候,习近平总书记来到了中铁装备集团。

图3-3 贺飞在中天山隧道施工现场学习调研

中国科技型企业的担当及创新实践

2014年5月10日，习近平总书记视察中铁装备。"总书记在视察时说'你们做了一件很有意义的事'，这句话给了我极大的鼓舞和动力。尤其是给我们设计研发'中铁188号'鼓满了劲儿，加满了油"，贺飞说。

这一年，贺飞和TBM项目组成员日夜奋战150天，绘制了3万多张图样，终于完成了TBM设计出图任务。这台依托国家"863"计划、"973"计划自主研制的直径8.03米全断面岩石掘进机（TBM），多个创新点令人瞩目：TBM整机多系统协调控制集成技术，硬岩环境下高效破岩的刀盘高强度、非线性布置、小刀间距设计技术，不良地质条件下的高效、安全、快速支护系统设计技术，复杂多变地质条件的TBM三维激发极化超前地质探测预报技术均达到世界领先水平。

在设计研发"中铁188号"的同时，贺飞和他的团队还响应"一带一路"倡议，投入到两台我国首次出口到黎巴嫩的、我国最小直径（3.5米）TBM的设计研发中，并投入到了兰州水源地引水项目"中铁241号"双护盾TBM的设计研发中。多项重点工作同时进行，工作量和压力可想而知。贺飞和他的团队硬是扛了下来，而且都取得了成功。"中铁237号""中铁238号"TBM成功应用黎巴嫩大贝鲁特供水项目，提前一年完成掘进任务，获得国际同行一致认可，并于2017年获得中国好设计银奖。

贺飞深深体会到，命运在自己手上，只要你愿意改变，一切都可以改变。

图3-4　2015年1月26日，依托国家"863"计划、"973"计划自主研制的直径8.03米全断面岩石掘进机（TBM）下线

3

就在贺飞和同事们在盾构产业大展宏图时，中国发起了一场声势浩大的"脱贫攻坚战"。贺飞故乡的面貌日新月异。

2017年盛夏，贺飞和同事们设计研发的"彩云号"TBM在昆明中铁电建总装车间下线，运用在云南大瑞铁路高黎贡山隧道项目中。"彩云号"开挖直径为9.03米，填补了国内9米以上大直径硬岩掘进机的空白。"彩云号"在满足快速破岩的同时，还在强化辅助工法方面进行了诸多创新，集"诸般武艺"于一身，如增设了大尺度扩挖设计、钢筋排支护系统、前区即时喷混机械手系统、全周嵌藏式超前探测和超前注浆系统、在线实时超前地质预报系统、通风制冷系统等，以应对围岩变形、断层破碎带和岩爆、突水突泥、高地热等掘进中可能会遇到的风险。"彩云号"TBM以卓越的表现，荣膺"央企十大国之重器"称号。这台我国自主研制的大直径TBM在这条亚洲最长的山岭铁路隧道、我国第一铁路长隧的成功应用，标志着我国隧道掘进机技术又达到了新的水平。

多年来，贺飞深耕TBM产品研发，与研发团队研制各类TBM70余台。设计应用于滇中引水的"云岭号"TBM，刷新了国产硬岩掘进机直径纪录，

图3-5 "云岭号"下线

图3-6 "龙岩号"下线

为隧道掘进机参与复杂地质、更大直径引水工程等提供了技术支撑。

TBM 技术革新是 TBM 的生命。依托科研成果和工程项目不断推动 TBM 技术革新，贺飞带领团队攻克超大直径 TBM 研制关键难题，主持设计的澳大利亚雪山单护盾 TBM（直径 11.09 米），是我国出口的最大直径单护盾 TBM；主持开发了世界最大直径 TBM（直径 15.08 米），应用于格鲁吉亚 Kvesheti 至 Kobi 公路隧道项目；主持设计了国内首台高压水力耦合破岩"龙岩号"TBM，提高了 TBM 在超硬岩的掘进效率。

未来已来，将至已至，远方不远，唯变不变。

贺飞与团队成员积极探索 TBM 应用新领域，推动 TBM 新产品研发。通过攻克 TBM 在煤矿、金属矿山领域的关键技术问题，开发了矿用 TBM 系列产品，设计的矿用小转弯硬岩掘进机"贵能一号""贵能二号"TBM，应用于贵州聚鑫煤矿瓦斯抽放巷道施工，为煤矿岩巷提供了系统解决方案，施工速度较传统的方法提高 3~5 倍，大幅度提升了高瓦斯煤矿巷道掘进机的机械化、智能化水平。设计的首台超小转弯半径硬岩掘进机"文登号"TBM，是我国首次将 TBM 工法成功应用于水蓄能电站工程建设，改变了抽水蓄能电站传统的施工方法，提升了建造速度、质量、安全与环保等，具有示范引领意义。通过新领域 TBM 产品的推广和技术革新，既提升了 TBM 应用范围和研发制造水平，又为煤矿、矿山、抽水蓄能等工程注入了新理念。

图 3-7 "文登号"下线

中国有千千万万个像贺飞一样的年轻人,通过自己的努力,十几年、几十年,不断创新,改变困境、改变命运,他们不仅仅让自己回家的路更加通畅,也让行走在奋斗路上的中国人民感受到了工业创新的力量和成果。

在此过程中,贺飞也在不断成长,从一个见习生,到工程师、高级工程师,再到中铁装备集团设计研究总院院长。他的个人命运与企业命运、国家命运紧紧捆绑。

盾构机"中铁667号"TBM开挖直径5.2米,全长300米,用于内蒙古引绰济辽饮水项目,2019年12月在中铁装备郑州基地下线。

盾构机"中铁667号"的另一个名字是"贺飞号"。 这是中铁装备肯定贺飞在TBM技术研发方面做出的突出贡献,而给他的独特荣誉。

从2016年开始,中铁装备开始用一种独特的奖励方式,奖励给每年评选的优秀员工,每年五个人左右,就是用他们的名字命名一台盾构机。

实际上,贺飞的故事仅仅是中铁装备的冰山一角,整个中铁装备自从2008年4月研制出中国第一台拥有自主知识产权的复合式土压平衡盾构——"中国中铁1号"以来,不仅打破了"洋盾构"一统天下的格局,而且凭借技术创新和丰富的业绩,"中国品牌"盾构机在世界的知名度和认可度越大越高。如今中国设计制造的隧道掘进机能应用于欧洲本土隧道建设,说明我们的技术和实力已经得到了认可。我们的技术服务了"一带一路"沿线国家的基础

图3-8 2020年9月10日盾构机"中铁667号"下线

设施建设，为世界轨道交通建设提供了中国装备、中国方案、中国智慧。而像他们这样绝地反击、逆风翻盘的故事同样流传很多，华为、中车、京东方等企业都有类似的故事。

高铁建设、城市地铁的建设，让交通变得更方便了。过去，贺飞回家得规划整整两天，行程排满，现在坐着高铁五六个小时到贵州铜仁，之后坐汽车再到石阡，一天之内就能到家，甚至坐飞机，一天可以来回。不仅仅是贺飞，相信整个中国的人民都感受到了交通便捷背后盾构机的力量。

贺飞身上体现了一种创新奋进的工业精神，用中铁装备人的话说，"我们就是这么干起来的！"

工业创新变革，改变了交通，改变了城市面貌，同时打通了经济流通环节，支撑了中国高质量发展。截至 2021 年 6 月，中铁装备全集团供应商达到 1679 家，他们分布在全国各地，这意味着通过中铁装备在 TBM 产业道路上形成了产业聚集效应，随着中铁装备的长足进步，这些供应商、配套服务商，也会有连锁反应，不断创业创新，丰富产业链条，推动钢铁、电气等其他产业齐头并进，带动就业，提供税收，为各地区经济腾飞做出贡献。

一个人的力量也许微薄，一个企业的力量也许有限，但通过祖国这个宽广深厚的平台，影响力却能够被不断放大，影响更多的人、更多的企业，乃至更多的国家和地区。这种力量的传递，最终将改变中国工业乃至世界工业的最终进程。

创新型企业高质量发展与人民的幸福感

2020 年和 2021 年相交之时，新华视点发布了一则视频"卫星见证脱贫奇迹"，从视频上可以直观地感受到这四十多年来全国各族人民为脱贫所做的努力：修建半个世纪的道路、沙漠中的绿色握手、中国最大的光伏基地、教育深入山区知识改变命运、东西互通、南北相助……这是一代代人的接力，一代代人的辛苦付出取得的脱贫成果。

2020年是中国全面建成小康社会宏伟目标的实现之年，也是中国脱贫攻坚战的收官之年。接下来要继续巩固脱贫成果，实现共同富裕。

1

实现小康，从情感上，就是让人民感受到幸福，让人民的生活更加美好。落实到现实生活，用今天中国老百姓的大白话来说，就是要丰衣足食，住得开心，行得方便。

衣 大约40多年前，一种叫"的确良"的布料风靡全中国。那个时候的中国，工业基础薄弱，物资紧缺。能够替代棉布的化纤布料，让当时的年轻人，有了更多的衣着色彩选择。

今日中国，因为工业的进步，早有一批服装企业筹谋数字转型。通过对产线的数字化建设和"需求引导生产"的柔性制造，红豆集团有限公司开启了中国男装行业"定制化"发展模式，不仅走出了自身的个性发展之路，也启发了其他跨行业企业的思路。

衣食住行中，服装行业很容易反映出中国人需求的多样化和个性化，这既是对传统服装制造企业的最大挑战，又是推动发展大批量个性化定制服务的市场信号。红豆集团正是从中得到启示和分析，从而推动了自身生产制造系统的智能化、柔性化的迫切改造行动，增强了定制设计和柔性制造能力，发展了大批量个性化定制服务。

利用工业互联网技术、数字技术和智能技术重构经营模式、再造制造流程是传统企业转型升级的必由之路。

2017年，随着无锡市政府倡导发展服务型制造，红豆集团就展开了自己的"升级"之旅。从制造销售产品，到用服务来拉升品牌价值、市场价值，

中国科技型企业的担当及创新实践

是其最为明确的思路。也是在这一年,红豆与麦肯锡合作搭建了"智慧红豆"的系统平台,搭载了智能制造、智慧物流和智慧零售等业务。这几年,红豆集团更是不断投入数字化升级,尤其在 5G 通信技术商业化开始应用之时,红豆集团又与中国联通展开合作,共同完成 5G+ 车间柔性物流解决方案研发实施,推动无轨智能 5G 弹性制衣车间分阶段落地,包括车间内 5G 网络覆盖、MEC(移动边缘计算)平台上部署智能制衣平台、AGV(自动导引运输车)的 5G 改造等。

这些新技术的应用,无不是为了让定制化服务背后的生产端和供应链变得更柔性,也会转化为企业的核心竞争力。

2

食 2021 年上半年,"杂交水稻之父"、中国工程院院士、"共和国勋章"获得者袁隆平去世。很多中国人都觉得,失去了一位亲人。

很长一段时间里,西方国家不少人不相信中国能靠自己的力量解决粮食问题。但我们有一个信念,就是不能让任何一个中国人饿肚子。

1973 年 10 月,在苏州召开的全国水稻科研会议上,袁隆平正式宣告中国籼型杂交水稻"三系"配套成功。杂交水稻种植面积的推广,为我国粮食增产做出了巨大贡献。

于是在一代代农业科学家的不懈努力下,中国不断改良杂交水稻等粮食作物,亩产量和总产量不断提高,在耕地面积有限的情况下,2020 年中国粮食产量达到约 6.7 亿吨,比过去大幅度增长。我国可以自豪地宣布:用占世界 7% 的耕地养活了占世界 22% 的人口。

这是了不起的历史成就,不仅从根本上保障了中国的粮食安全,也充分保障了全球的粮食安全。

"一生修道杂交稻,万家食粮中国粮"。就在袁隆平离去之前,人们还在兴奋地谈论"海水稻"的事情,惊讶于袁隆平还在孜孜不倦地为每个人能多吃一口饭、吃一口好饭、能够长久吃下去而殚精竭虑。"海水稻"简称海稻,是一种耐盐碱的水稻品种。我国有 15 亿亩盐碱地,约 2 亿亩可以用于海水稻生长。按亩产 300~400 公斤计算,可增产粮食 600 亿~800 亿公斤,可以满足上亿人的粮食需求。

这又是一项伟大的工程。目前海水稻的产量并不高,亩产三四百公斤,提高海水稻的产量也是任重道远。相信袁老的继承者们一定会完成这项功垂千古的事业。

3

住 唐代杜甫在《茅屋为秋风所破歌》写道:"安得广厦千万间,大庇天下寒士俱欢颜"。几十年来,买房,成为无数中国人生命中最为重要的一件大事。

现在买房的中坚力量已经从 70 后 80 后,过渡到了 90 后。90 后不仅仅对服装有个性化需求,对美食有自己的主张,对于居室他们也有新主张。他们不想给自己身上贴标签,他们也不愿意自己的居室和别人的一样,他们希望自己每天至少要度过 8 小时以上的地方有自己的特色。甚至有时候他们想的和他们所表达的是相反的意见。只有深刻洞悉年轻人的感受,才能赢得他们的内心。

通过打造智慧社区、物业运营管理、客户生活服务一体化的线上服务平台,融创服务控股有限公司不断为更注重科技感与便捷性的年轻人带来能够满足多元需求的个性化服务,并向文化、文旅等业务外扩,创造属于年轻人的新文化、新场景和新体验。

然而,有好房子就足够了吗?并不是这样。除了自己的空间,年轻人还希望社区有共享的空间,更注重居住环境。伴随着中国经济的转型升级、社会人

中国科技型企业的担当及创新实践

口结构的变化以及新消费主义浪潮的袭来,未来房企的发展高度取决于其产业运营协同城市发展的综合能力。

2020年,融创将自身定位从"中国家庭美好生活整合服务商"升级为"美好城市共建者",所展示的就是通过多元产业整合与运营,参与到城市成长的过程中,成为引领房地产行业从产品时代迈入内容时代的开创者。

当然,你说仅仅依靠房地产行业就能满足人民需求了吗?还不尽然,这是一套完整的居住生态系统,需要更多的企业来相助。比如,如何让周边的环境更优美?尤其是拥有天蓝、地绿、水净的优美环境,是人民群众的期盼,也是全面建成小康社会的应有之义。

成立于1982年的双良集团有限公司,经过近40年的专注与创新,在"节能、节水、环保、智慧能源"领域具有了核心竞争力。比如,他们正在用创新的核心技术和产品,做生态修复的工程。"生态修复要有一个过程,起码要三个月到半年,慢慢地你会发现螺出来啦,鱼出来啦,青蛙出来啦,鸟类也有啦。"这是双良人要带给大家的幸福感。

以智能化、服务化、高端化为引领,推进绿色化产业升级。这是一个庞大的系统项目。中国各个地区的环保企业都在努力协同发展,共同创造让老百姓开心放心的大环境。

中铁工业旗下的中铁环境,2018年2月在湖南长沙成立,以"改善生态环境,建设美丽中国"为使命,以新技术、新材料、新装备立足,助力绿色发展。2019年5月,中铁环境自主研发的"快速处理隧道施工污水成套技术装备"通过科技成果评估,专家一致认为该技术填补了相关领域空白,关键技术已达到国际先进水平。2019年8月,中铁环境自主研发的"盾构渣土多相分离高效快速处理成套技术装备"通过科技成果评估,专家一致认为该技术填补了相关领域空白,关键技术已达到国内领先水平。另外,中铁环境的一种"多级串联应急水处理技术"达到国内领先水平,该技术在鹿鸣矿业应急抢险项目中应用……历数这些科技成果,和老百姓居住的环境有什么关系呢?

第三章　富民的认知

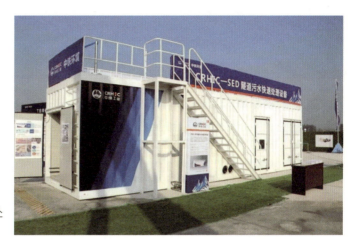

图 3-9　隧道污水快速处理设备

人们享有更方便快捷和高效的生活出行场景，背后的基础支撑就是这些科技成果。城镇污水、乡镇污水最终要去往何处？建筑垃圾又要去往何处？当城市应急事情发生时应该如何处理。这一件件一桩桩看似与生活遥远的事件，这些被忽视的角落，依然千丝万缕地影响着人民的生活乃至生命财产安全。

中铁环境在水环境综合治理、固废治理、生态修复、大气治理、绿色建造、环保管家等方面有自己独特的产品服务，这些产品服务已经很好地应用到漯河经济技术产业集聚区污水处理厂（一期）改造项目，西安市第一、第二污水处理厂二期再生水化提标改造工程，广德城镇生活污水提标改造项目，成都郫都区团结应急污水处理厂项目，武汉市汤逊湖污水处理厂项目，并起到了很好的环境治理效果。这些都解决了民生的老大难问题。

在海洋领域，海上风电是一个庞大的项目，需要众多工业企业合力协作。而大力发展海上风电，推动中国能源的高质量发展和绿色发展，实现双碳目标，最终的落脚点，还是为了人民能够获得清洁能源，收到实惠。这些百姓的美好愿望也会随着海上风电场的建设运营，很快就落实到老百姓的现实生活中。

4

专家提点 | **张柏春**　中国科学院自然科学史研究所研究员，南开大学科学技术史研究中心主任

在 1987 年前后，我们乘直达列车从北京去上海，需要十六七个小时，当时觉得已经很快了。现在乘高铁由北京去上海，最快的不到 4 个小时 40 分钟。高铁将人们出行的速度、舒适度和幸福感提高了很多。

改革开放以来，通过技术进步和创新，我国航空运输业发展迅速，使远距离出行变得非常便捷。此外，我国建设了四通八达的高速公路网，汽车运输业和汽车制造业日渐发达，人们乘坐汽车或自驾出行都很方便和舒适。

显然，高铁、航空和高速公路使地球变小了，普遍提高了人们的幸福感，增强了人们的自信。

行　2009 年，湖北武汉，中国工程院院士、铁道部总工程师何华武乘坐时速 350 公里的试验车，体验武广高铁高速行驶时的感觉。他被媒体称为"为列车飞翔插上翅膀的人"。这个画面真实记录下的正是中国高铁创新执行力的一个工作瞬间。

2004 年，中国政府就明确提出，中国高铁的发展要按照"引进先进技术、联合设计生产、打造中国品牌"的总体要求。这一决策得到了有效落实。全程无缝隙的无砟轨道，是高速铁路的关键部件，能大幅提高列车运行速度。技术攻关小组成员分批前往德国、日本、法国，学习国际流行轨道模式，最终确认引进德国无砟轨道技术。坐过火车的人都知道，普速列车极易晃动，不时发出"哐当"之声，而高铁启动平稳且无噪音。这是由于普速铁路每根轨之间有 10 毫米缝隙，而高铁则是全程无缝隙。10 毫米的缝隙，看似微小，其中技术却是天壤之别。

第三章 富民的认知

武广高铁修建期间，技术人员在专线上反复进行试验。每当高铁飞驰而过，轨道状态曲线便会像心电图一样在显示器上律动。技术研发人员利用大数据积累分析，并通过试验吸收先进技术，再对其进行创新优化。2009年12月，全长1068公里的武广高铁顺利开通，这背后离不开一点一滴的创新积累。

引进国外技术十年后，具有完全自主知识产权的时速350公里中国标准动车组于2015年6月30日正式下线，并于当年11月跑出385公里的时速，各项技术性能表现优异。

此前，中国高铁只是消化和吸收外国技术并对它们进行系统集成创新，而中国标准动车组则是完全的正向设计，是原始创新经过快速执行落地的成果。

同时，为了促进中国装备走出去，中国标准动车组采用的标准也借鉴了一些国际标准，并对它们进行再创新，进而形成了制定自主技术标准与完全正向设计的能力，完成了从"中国制造"向"中国创造"的飞跃。

如今中国在高铁方面的创新和研发越来越成熟，新高铁速度、质量、舒适感上了更高的台阶。作为中国新名片，高铁改变了中国，它不仅仅是众多高新技术企业创新合作的结晶，还是创新执行力贯彻落实的典范。这样的转型升级，正是中国制造正在谋求的重大突围。

地处渤海之滨的中铁山桥，身居秦岭脚下的中铁宝桥，多年来承担着国家重点工程建设和国家新产品研制任务，主项产品屡获国际和国内重要奖项，先

图3-10　操作人员对盾构机进行施工

图3-11　中铁山桥道岔车间

中国科技型企业的担当及创新实践

后获得数十项国家专利,"中铁山桥""中铁宝桥"牌高速铁路道岔已广泛应用于京沪、沪昆、兰新、合宁、合武、郑西等铁路项目以及委内瑞拉、土耳其等国家的铁路项目,为推动中国铁路大发展,中国高铁走出国门、迈向海外做出了积极贡献。

中国高铁高速发展的奇迹背后,离不开无数家像中铁工业一样的大小企业始终艰辛探索、不断突破。是他们的共同努力,让中国人的出行不再困难。

专家提点 | **张柏春**　中国科学院自然科学史研究所研究员,
南开大学科学技术史研究中心主任

领头的企业,特别是科技实力相对比较雄厚的企业,应该有决心向创新型企业方向发展。

简单地说,创新型企业就是创造关键核心技术多的企业。美国、德国和日本等国家在制造业占的份额重,掌握先进技术多,在一些关键核心技术上保持几十年甚至上百年的优势,国际竞争力很强。有些小国,创新能力不弱。比如,斯洛文尼亚在若干领域做得很好,企业不是很大,但有创新能力,产品在国际市场上占有独特地位。实际上,创新型企业也是国家战略科技力量中不可或缺的重要组成部分。如果缺少创新型企业,国家创新能力就很难提升。

5

人民所期待的不是数字的小康,而是实实在在的幸福生活。

2002年以来,中国中铁坚定不移贯彻党中央、国务院决策部署,始终牢记央企的政治责任和社会责任,采取了选派干部、资助贫困学生、改善教育设施、修筑公路、捐资建厂、技能提升培训、解决工作、销售农产品等多种方式想方设法帮助湖南省桂东县、汝城县,山西省保德县三个定点扶贫县脱贫致富。

第三章 富民的认知

中国中铁在中央单位定点扶贫工作考核评价中,先后获得国务院扶贫办"定点扶贫先进单位"、国务院国资委"扶贫先进单位"、中国扶贫基金会"公益大使奖"等荣誉称号,为国家脱贫事业贡献了"中铁力量",体现了央企脊梁本色,彰显了央企责任担当。

进入脱贫攻坚战最后一年,中国中铁坚持"摘帽不摘责任、摘帽不摘政策、摘帽不摘帮扶、摘帽不摘监管",力度不减,方向不变,继续加大投入,综合施策,采取产业扶贫、项目扶贫、消费扶贫、就业扶贫、培训扶贫等多种方式,全面巩固三个定点扶贫县的脱贫成果,帮助建立脱贫长效机制,稳健走上全面小康之路。

同时,在完成自身三个定点扶贫县脱贫摘帽的基础上,中国中铁积极响应习近平总书记脱贫攻坚不获全胜绝不收兵的号召,急国家之所急,主动帮助全国最晚摘帽的 52 个国家级贫困县之一的云南省会泽县,2020 年以"交钥匙"方式捐建 3 所幼儿园,解决贫困群众异地搬迁后面临的上学难问题,从根本上阻断贫困代际传播。

2020 年 1 月 1 日,连接四川、贵州两省的赤水河红军大桥正式通车。中铁工业旗下的中铁宝桥承担了赤水河红军大桥全部 2 万吨钢桁梁(含附属件)的制造焊接任务。这座全国第一个以红军名字命名的大桥,位于川黔交界乌蒙山区和中国工农红军"四渡赤水"革命老区,通车后,从四川古蔺太平镇至贵

图 3-12 中国中铁帮扶湖南省汝城县捐建的水窖

图 3-13　大桥助力革命老区交通扶贫

州习水习酒镇仅需 10 分钟车程。然而，修建这座桥的过程十分惊险，数不清的钢桁梁全部需要用高强螺栓一根根、一件件施拧牢固，中铁宝桥的工人在上面作业，桥下就是近 300 米的峡谷，赤水河激流滚滚。不过，建桥的工人师傅们和当年四渡赤水的红军战士一样勇敢，他们凭借过人的胆量和过硬的技术，按期完成了工程。这座桥被誉为世界山区第一高塔、第二大跨峡谷大桥，建成后对于改善川贵两地革命老区人民的生活、带动红色旅游扶贫产业具有非常重要意义。

　　为了人民的衣食住行有更好的体验感，中国科技创新型企业和中国工业人敢教日月换新颜。创新型企业高质量发展与人民的幸福感是一对因果关系。高质量发展是我们勤于思考、努力奋斗出来的，它将提升人民的幸福感；而人民的幸福感的提升，也会不断刺激发展向高质量冲刺。幸福像花儿一样开放。为了人民幸福，为了江山多娇，中国工业人将不断付出，努力奋进。

科技创新型企业的深远影响力

　　得益于这些年的默默奋斗，中国已经培育出了一批高科技企业。他们的规模或许不大，在社会上的名气或许不高，但却在产业链、供应链中扮演着不可或缺的角色。更为值得关注的是,他们在党建引领企业发展方面,均有深入探索并取得了突出成就。

1

中铁装备生产盾构机的车间隔壁,有专门的党建活动室,这也是中铁装备人自豪的亮点。他们创造性地提出了"蜂巢式"党建工作法,要求一名党员分包5~6名群众建立党员责任区,运用众筹思维和网格化管理理念,开展"筑巢引蜂""强蜂提质"和"培孔增产"三大工程。同时加快企业党建工作的信息化,研究制订"蜂巢式"党建工作五年规划,成为企业生产经营的重要推力。

时间回溯到2014年,中铁装备的一名基层党支部书记在摘取办公楼外一个蜂巢时,发现只要有一点痕迹在,蜜蜂们就会重建一个完整的蜂巢。蜂巢强大的生命力,蜂巢和蜂孔、蜂孔和蜂孔之间相互关联、相互支撑的组织结构,引发了中铁装备党委对党组织建设模式的思考。由此,中铁装备党委把蜜蜂以及蜂巢与蜂孔构造的相互逻辑关系引入党建工作中,开展了"蜂巢式"党建工作,将党组织、党员形象地比喻为"蜂巢"和"蜜蜂",将党员联系党员、党员联系群众构成的党员责任区比喻为"蜂孔",加强了党群关系,党员和群众

图3-14 蜂巢式党建模式

反响良好。中铁装备党委不断在实践中探索、总结并完善"蜂巢式"党建工作内涵,提高企业党建工作质量,并形成了一套工作方法。

"蜂巢式"党建是以党员为"蜜蜂",以党员责任区为"蜂孔",以党组织为"蜂巢",以"党员心中有群众,群众身边有党员"为核心,践行"三+3"理念,实施"六五四"工作法,努力打造新时代一流国企党建。"三+3"理念,即以习近平总书记视察中铁装备时提出的"三个转变"为统领,以"三个坚持"(坚持和加强党的全面领导,坚持党要管党、全面从严治党,坚持员工幸福和掘进机事业相统一)为原则,以"三大工程"(筑巢引蜂、强蜂提质、培孔增产)为基础,以"三创"(创新、创业、创效)为目标;"六五四"工作法,即党委做好"六件事"、党支部做好"五件事"、党员做好"四件事"。

中铁装备党委在全面推动"蜂巢式"党建工作过程中,始终以"三个转变"为统领,推动党建工作与企业生产经营的深度融合,把实现国有资产保值增值作为党建工作的出发点和落脚点。创新驱动,推动"中国制造"向"中国创造"转变。

在全国国有企业党建工作会议召开后,中铁装备党委积极行动,第一时间将党的建设写入公司章程,带动所属各单位于2018年全部完成党建进章程工作,全面明确了党组织在企业法人治理结构中的法定地位。实施党建工作责任制考核评价,自2017年起连续3年把抓党建与抓中心工作纳入同一考核体系,并将考核结果与领导班子绩效、"四好班子"评比挂钩,使企业在改革发展中始终保持正确方向。在加快企业发展的同时,努力增加职工收入,积极改善职工生产生活条件,企业人均收入逐年增加,积极构建以人为本的和谐企业。

经过几年实践,"蜂巢式"党建取得了令人欣喜的成果,不仅把握住了企业改革发展的正确方向,促进了业务工作提升和企业管理增效,强化了党建与思想政治工作意识,还进一步提升了基层党建工作质量,增强了职工群众的归属感和幸福感。锚定未来,中铁装备党委将继续以习近平新时代中国特色社会主义思想为指引,发扬勇往直前的盾构精神,不忘初心,牢记使命,以高质量

第三章 富民的认知

图 3-15 党的十九大代表王中美来到中铁装备和党员们一起分享进步成果

图 3-16 劳模刘青在生产车间

发展为目标，将践行"三个转变"、落实全国国有企业党建工作会的各项安排部署继续向纵深推进，在奋斗中追梦前行，切实打造凝聚中国创造、体现中国质量、代表中国品牌的大国重器，为推动中国由"制造大国"迈向"制造强国"贡献力量，为世界隧道施工更好更快更安全贡献中国智慧和中国方案。

江苏江阴，双良集团打造红色领航、五心融合效能党建品牌，找准党建工作与企业经营结合点，不断丰富企业文化内涵，以国家好、企业好、党建好、效益好的双良标准助力企业发展，五位一体、一体同心，朝着创新、协调、绿色、开放、共享的高质量方向，开创发展新境界，展现时代新双良。在集团党委的坚强领导下，公司战略布局与国家发展同频共振，产业发展聚焦绿色化，制造转型聚焦服务化、智能化、高端化，围绕蓝天碧水、环保创新产业，积极推动产业革新、创新，始终走在行业前列。

2

上市以来，中铁工业党委着力解决好党的政治优势转化为企业核心竞争力的问题，解决好传承红色基因与发扬新时代奋斗精神的问题，解决好党的领导与融入公司治理的关系问题，坚持将加强党的领导与完善公司治理结构统一起来，逐步树立了规范、稳健、务实的上市公司形象。

中国科技型企业的担当及创新实践

  中铁工业党委坚持把党的领导和党的建设镶嵌到公司改革发展的各个环节，为企业强根固魂，使党的领导得到充分发挥，党建责任得到有力落实，更好地发挥出党组织的战斗堡垒和党员的模范先锋作用，展现了工业人危急关头豁得出、关键时刻冲得上、大风大浪中稳得住的厚重力量。2020年，新冠肺炎疫情暴发之初，中铁工业迅速贯彻落实上级党委部署，积极动员、快速行动，发挥"建造+制造"优势，迅速投身疫情防控第一线。派出中国中铁第一支武汉火神山医院援建队伍，先后参与武汉市14所新冠肺炎定点救治医院援建，被誉为"火神山上的铁军"。

图3-17 中铁重工武汉"方舱医院"项目建设党员突击队合影

图3-18 中铁重工武汉火神山医院项目建设党员突击队合影

图3-19 中铁重工武汉雷神山医院项目建设党员突击队合影

图3-20 中铁工业员工连夜加班

图 3-21　中铁工业员工风餐露宿　　　图 3-22　中铁科工抗疫人员火线入党

中铁工业旗下的中铁重工和科工，驻地在武汉，他们第一时间接到通知，奔赴援建现场。中铁科工一位负责人回忆当时的情景说："我们是一个综合性的搞工程机械设备的单位，不仅有技术，还有作业团队，都很专业，当时我们就组织了首批 15 个人的突击队，在接到任务 2 小时内全部赶到火神山现场，负责管道施工。"在那次行动中，中铁科工成立了临时党支部，总经理、副总经理全部上，突击队达到了 30 人。

对科技创新型企业来说，在特殊时期他们也显示出了责任与担当。

在"走出去"中增长智慧与自信

在这样一个充满不确定性的世界里，那些走出去向世界营销中国产品的工业品供应商，又是如何开拓国外市场的呢？

1

在开拓国际市场的同时，中国企业的市场营销行为也在一步步规范。一位给德国著名企业做配套的供应商讲到，德企要求的方案特别细致，得写很多

中国科技型企业的担当及创新实践

材料,准备很多资料,还要接受很细致的盘问。"搞得人都要分裂了,但交上让甲方满意的材料,最终成就的也是自己的企业。"他表示,经过严峻考验之后,再面对客户时就能提供翔实、准确的资料,赢得尊重和信任。

出海并非总是一帆风顺。

1996年,刚刚成立两年的电动工具公司宝时得还在做着靠代工崛起的美梦时,一个坏消息从欧洲突然传来:他们主力代工的一家德国品牌企业宣告破产。这意味着当年年产量的85%以上没有了。瞬间,企业从梦想的云端跌落到地面。

残酷的现实说明,仅靠给别人做代工走不远,企业必须学会自主创新。然而,仅仅学会自主创新还是不够的,因为在全球舞台,中国企业往往一出生要面对的竞争对手就是拥有百年历史的500强企业和全球顶尖品牌,强弱对比悬殊。用宝时得集团亚非公司一位负责人的话讲:"他已经做一百年了,他的品牌在全球都非常知名,你是个新生儿,所以根本没法竞争。"

不仅没有办法竞争,而且连在市场上出现的机会都不存在。电动工具最大的市场舞台在卖场。但是当年,这些卖场已经被主要品牌瓜分完了,销售商们直接拒绝了中国企业进卖场的请求。而彼时,宝时得又不想打价格战,因为这条路径在他们看来是走不远的。

于是,在四处相求无门的情况下,中国的营销人员另辟蹊径,找到了一个突破点:电视直销。没有想到这个执行方案的效果立竿见影。

在逐渐得到市场认可的同时,工程师们也更加用心地打磨产品,而且敢于向市场要价。眼下在国际市场,中国电动工具居然卖得比国际大品牌还贵,这其中就有工程师们坚持不懈创新的功劳。例如,电动工具必须依靠设备的振动来工作,但高频振动对人体是有害的。中国工程师们独创了主动消振技术,将作用于操作者手上的有害振动,转移到工作部件上,既提高了工作效率,也减少了对人体的伤害,同时也赢得了市场的认可。

第三章　富民的认知

专家提点 ｜ **张柏春**　中国科学院自然科学史研究所研究员，南开大学科学技术史研究中心主任

让企业成为技术创新的主角，这不应该停留在口号上。除了大型企业，小企业也可以做创新。就是做小创新，也比不创新好。大型国企在创新方面应当有担当。

我们还须建立公平竞争和鼓励创新的市场环境，有效保护知识产权，不能让侵犯知识产权的成本太低。侵权成本太低，容易使创新失去动力。

2

2019年4月初的一个傍晚，德国萨克森-安哈尔特州首府马格德堡，一场晚宴在融洽愉悦的气氛中展开。这个州，历来以发展重型机械制造、钢铁和化工等产业为主。州长现身这场晚宴，以隆重的规格接待来自中国的企业家们。自从三一重工、华为、美的、力帆等逾600家中国企业以及逾1.9万中国人陆续在德国北莱茵-威斯特法伦州落户、生活，并为当地居民带来了就业岗位、拉动了经济增长后，德国各州日益重视中国企业。

在德国16个州之中，这个州的中国企业并不算多，州长坦言，他所服务的州虽然没有北莱茵-威斯特法伦州那么富有和容易吸引外资，但他希望努力争取更多的像华为一样的中国企业来此安家落户。因为他们看到，中国活跃的企业家们已经给中国和全球带来了不少福利。

整个夜晚，州长亲自为自己的州推销，为吸引中国投资而奋斗着。州长先生随身带着多部手机，有华为新上市的手机，也有其他品牌的手机。作为州长，他一定也在使用和测评不同品牌的手机性能，也在比较中慎重选择。看来，只有勇者、强者才能拿到新的市场份额。中国工业必须足够强大，才能赢得最后的胜利。

此上案例，仅仅是千千万万个案例中的小小缩影。走出去，很难，他们的每一步，都值得称赞和感谢。

中国科技型企业的担当及创新实践

教育的革新：如何培养工业基础人才

当今世界的竞争是人才的竞争，更是尖端制造业人才的竞争。央视财经频道《经济信息联播》栏目曾播出了一则报道，道出了其中的真相：在很多制造业发达地区，招工难的现象存在多年。有的企业为了留住一线工人，只能采取不断涨薪策略，还有的甚至将稳定员工写进了企业战略。

工厂为什么招不到人呢？究其原因，一方面是和年轻人喜欢过自己能够掌控的生活有关，快递和外卖行业门槛低、上手快、领工资灵活，所以很多人都去了这些行业；另一方面，制造业升级转型中，对员工素质的要求与日俱增，知识型、技能型劳动力将成为主流。普通员工很难在短时间内成长为高级技术人才，这也让不少年轻人望而却步。

近年来，中国制造业产值连年递增，截至 2021 年，连续 12 年保持世界第一制造大国地位。中国从制造业大国通往制造业强国的趋势已经不可阻挡，但是高端工业人才紧缺仍是需要面对的问题。

实际上，不仅仅在中国，全世界的工业企业，恐怕都在为工业人才的紧缺而发愁。

1

1913 年，博世集团创始人罗伯特·博世就在德国斯图加特设立了博世第一个独立的职业培训中心，标志着博世"双元制"学徒班职业教育模式的开端，至今已一百余年。《隐形冠军》作者赫尔曼·西蒙教授认为，德国的"双轨制"教育，是指学生一方面要在工厂或企业里进行实习获得实践的培训，同时要在职业学校里学习三年，这是德国工业获得成功的一个十分关键的因素。

因为德国不仅需要受过良好教育的学者、自然科学家以及工程师,也需要经过系统培训的专业型人才。

专家提点 | **张柏春** 中国科学院自然科学史研究所研究员,
南开大学科学技术史研究中心主任

  人才结构优化要从教育开始。例如,德国非常重视技术人才培养。除了理工科大学或综合大学(Universitaet),德国还有一些以培养制造工程师为主的四年制高等专科技术学院(Technische Hochschule)。现在,深圳、天津等城市也开办了德国式的高等专科技术学院,中文叫应用技术大学。我们国家的专科学校普遍升级为本科,这对培养现场工程师是不利的。

  实际上,在现代职业教育出现之前,德国的职业培训也曾走过弯路。博世公司的一位员工在博世博物馆的故纸堆里,就发现了博世先生对自己学徒生涯的尴尬回忆。博世先生对自己的学徒生涯很不满意,他曾抱怨自己并未受过真正的培训,带他的师傅只是给他下达工作任务,把这个拿来那个拿来,下达工作内容却不给徒弟们解释。所以当博世先生本人有能力开创事业的时候,他就下定决心,以博世公司为起点,做好职业教育。

  以1897年德国建立现代手工业行会为标志,德国开始全面推行现代职业教育。一百多年来,这项制度为德国累计培养了数千万新型产业工人。各行各业亦是如此:当建筑工人,要到建筑学校培训;当售货员,必须到商业学校培训;年轻农民下田种地也必须持有农校毕业证书。

  德国法律规定,凡十八岁前不上其他学校的青年必须就读职业学校,培训费用由国家和企业分摊。弗兰齐斯卡·施米德尔就是德国职业培训的受益者之一。五年前,她年仅20岁,在博世接受了机电一体化技术人员的职业教育,已于2016年1月结束学习。尽管后来她已经成为一名正式员工,但是每个月,弗兰齐斯卡·施米德尔还是定期到魏布林根的培训学校当助教,帮助师弟师妹们深造。其实在德国,经过职业教育培训后,还有很多深造的机会,可以

让年轻人继续在技术领域深造，或者成为师傅，或者继续在学校深造，拥有无限可能，但前提是你要努力奋斗。

专家提点 | **张柏春** 中国科学院自然科学史研究所研究员，
南开大学科学技术史研究中心主任

发展制造业就要建立不同层次的技术教育机构，形成一个体系。虽然有了顶尖的设计工程师和研发工程师，但缺少合格的现场工程师和技术工人，工业竞争力就上不去。如果缺少高水平的技术工人，瑞士精密制造业就维持不了高水平。

2

2018年，三菱电机苏州工厂正在推广新一代智能制造解决方案的软件。这套软件方案的好处很多，但是在日本本土的工厂，他们并没有隆重地去推广，究其原因居然还是人的问题。在日本，工厂有老工匠，他们和钟表一样精准地工作，可以工作一辈子。但是在中国工厂，情况却不一样。这其实也是外企在中国本土遇到的问题之一，中国的年轻工人流动性很大，外企运用软件管理系统来管理年轻工人实属无奈。很多人抱怨，现在的中国年轻人浮躁，没有工匠精神，但是从另一个方向思考，也正说明当代年轻人思想活跃、创造力更强，或许工厂水土不服是因为没有找到哪种价值共鸣呢？

在无锡，无锡航亚科技股份有限公司从创立开始，就在推行一种精益制造的技术和管理体系。副总经理井鸿翔采取了另外一套方法来解决年轻人思想活跃的问题，"比如说现场这个生产组织模式，我们既用到了精益管理的价值流来识别整个系统瓶颈点在哪，同时也用了一些诸如以色列企业管理大师高德拉特创造的TOC瓶颈理论，来解决我们一些瓶颈产能，加快流通量"。

航亚团队创立的制造技术管理体系，也被冠之为"工程精益制造"体系，但此体系与彼体系实际上有所区别。

井鸿翔认为:"我们这个工厂特别是精锻叶片每年生产大几十万件,接近一百万件的量,我们并没有计划员。我们就是靠车间主任利用这套系统,这套固定的组织模式简单地计算一下就可以了。"

说起来是如此轻巧,他们又是如何实现的呢?

"精益管理的精髓,我觉得还是从人性出发",井鸿翔说出了精益制造的核心。在推动事业发展前进的所有力量中,人才是核心的力量。这个力量是否活跃进取,完全依靠于人自身的主观能动性是否被调动起来。针对工厂年轻人才流动大的痛点,井鸿翔特意在管理体系中加入了一系列的员工心理鼓励机制设计,比如采用从医疗行业借鉴而来的积分制,让年轻人的心态稳定了下来。"这个积分制是什么意思呢,利用了人性特点,就是人都爱'攀比',当然这个'攀比'是带引号的,我们要形成良性竞争,就让大家去比。我们鼓励好的,我们要塑造一些榜样,让他们跑在前面,就是说永远都是有20%的人先尝试,然后带动80%的人往前跑,就这么个道理",井鸿翔如是说。而他本人的主观能动性正是被航亚的创始人严奇调动起来后,他从自己出发,设计、执行了这套管理体系。

他正是在人性的角度,找回了那些曾经被自己忽视的荣光、价值感与社会责任,由此及彼,他的规划设计也让车间的年轻人有了自己的价值感、归属感和奋斗目标。"因为我们面对的群体已经是年轻一代了,如果我们还在用原来的老方法去做话,肯定是行不通的,这个其实就是我们比较年轻的管理者要

图 3-23 航亚建立起精益管理体系

中国科技型企业的担当及创新实践

去琢磨的。"

新时代的中国工业，企业大量引进更年轻、更具斗志、更具创造力的一些新鲜血液，现在已经到了00后要登台的地步了，要充分考虑这些人性要素，让企业永远充满斗志和正能量。

专家提点 | **成长春**　江苏长江经济带研究院院长兼首席专家

人才链和产业链的高度发展是正相关的。许多经验都证明了这一点。多少年来，我们从国外引进了一大批人才，对于我国工业发展起到了积极作用。同时，要加大力度培育本土人才服务工业经济发展。人才使用要有共享意识，不求所有，但求所用。高端人才已经广泛地深入到各个领域，在实际工作中，要发挥人才的最大效应，充分调动各类人才的积极性。目前，我们国家人才的政策是历史上最好的，人才发展的环境也是最好的。

3

获得第92届奥斯卡最佳纪录长片奖的《美国工厂》讲述了中国福耀玻璃集团在美国俄亥俄州建厂的经历，在长达2个小时的影片中，大量真实记录的是中国老板、中国员工与美国员工的理念和文化差异，但最意味深长的是，在影片的结尾有一段情节：曹德旺巡视工厂，随行的工程师介绍工厂最新装配的机器人手臂，这些机器人用来抓取玻璃半成品，进行切割、打磨和抛光等工序。工程师告诉曹德旺，短期内将引进更多机器人手臂，以取代人工。机器人的好处是自动化和标准化，因为同机器人相比，人工的效率太慢。机器人取代人工不仅是福耀工厂的趋势，也是很多企业都在逐步寻求的解决问题的方案。

看到这里真正让人触目惊心。人类的发展步伐，在工业的推动下，正在不断加速，人才的培育培养也在不破不立中，不得不做出新的对策了。

可是，破要如何破？立又要如何立？

制造业竞争就是人才的竞争。中国企业家们纷纷看好智能工厂，背后也许有着人才吸引和管理过程中的无奈，也有着对未来的期许。但是在现阶段，大量使用工业机器人是否就是最佳方案呢？企业背负沉重的经济负担，还会健步如飞吗？

如果做到提高职业教育地位，消除社会对职业教育的歧视，真正形成崇尚技能、淡化学历的社会环境或许更有利于培养工业人才。

也许不久的未来，我们终会明白，所有的事情都在不断发展变化中，从焦虑到坦然接受，从封闭到自由交流，从误解到理解回归。职业教育、工业基础的夯实，是一项庞大的系统工程，不仅仅依靠教育部门的新规，还需要全社会解放思想，站位高远，积极引导，提高工业人的待遇，树立正确的社会风气……

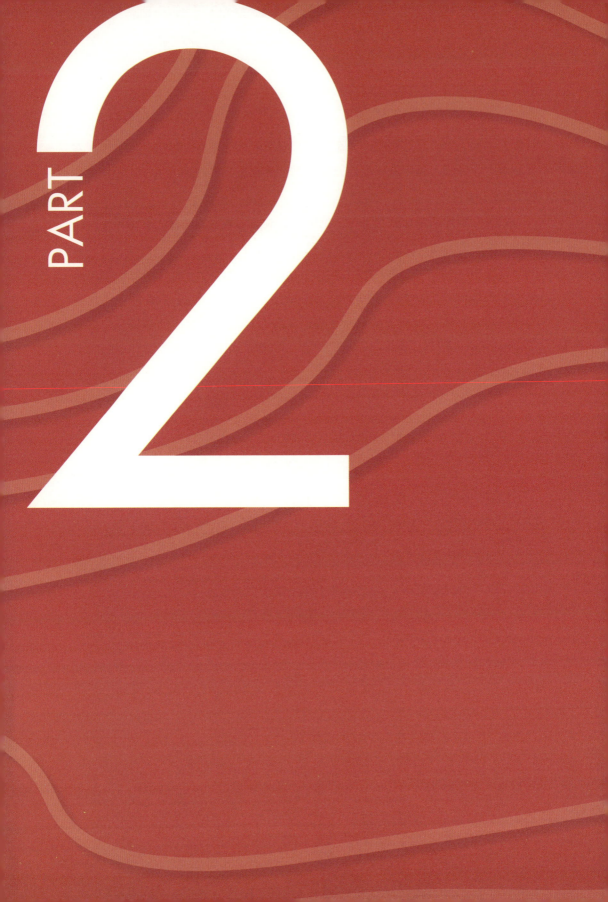

第二部分

画出最美"同心圆"

第四章

国企
的
担当

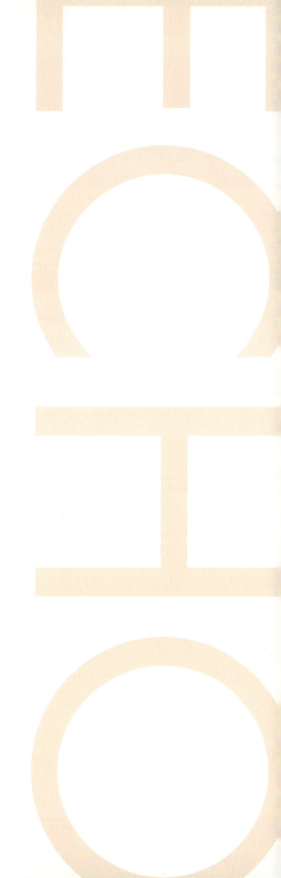

大变局中，万物生长——以中铁工业为例，透视国企的责任担当与经济影响力

敢问天地要资源，面朝大海天地宽——以三峡能源等为例，初探"科技创新"引发的"全产业链条的连锁改变"

富强竞赛中的国企：扛起工业文化遍地盛开的责任

中铁山桥：中国民族工业百年历程，每一段记忆里都有你大变局中，万物生长；
关键时刻，看担当。
新的时代，两个一百年交汇点，我们正在此时此地。
为家园一片丹心，对人民倾尽全力，报国家奋不顾身，
国有企业的使命担当多方面、全方位。

本章，以中铁工业等国企为例，展现新时代大国企的精神风貌和社会担当。
他们身上，浓缩了国企贯彻新发展理念、建设现代化经济体系的生动实践，
凝聚了加快生态文明建设、美丽中国建设的鲜活案例。

ECHO

第四章　国企的担当

大变局中，万物生长

——以中铁工业为例，透视国企的责任担当与经济影响力

这个世界怎么了？应该怎么看？

如何观察和认识这个百年未有之大变局中的中国？

在全球大变局中，被誉为中国"定海神针"的国企，应该如何担当、尽到自己的责任，并在经济"双循环"中体现自己的磅礴之力？

疾风知劲草，风浪见担当。

人类先后经历了农业革命、工业革命和信息革命，每一次产业技术革命，都会给人类的生产生活带来重大而深刻的影响。信息革命开启了全新数字时代，推动数字革命蓬勃兴起。数字革命对世界的贡献类似于工业革命时期自动化机器所做的贡献，推动经济发生格局性变化，企业形态发生深刻变革，并推动"全球竞争格局重塑"。

实际上，国有企业改革已经深刻融入大变革当中，正在用创新思维、数字逻辑重新定义企业改革。不仅要做大做强，还要不断开展科技创新。

设定关键词，一遍遍在国企中搜索，中铁工业的名字跃然纸上。

专家提点 | **朱宏任**　中国企业联合会、中国企业家协会党委书记、
　　　　　　　　　常务副会长兼理事长

中铁工业代表了中央企业在制造业领域、基建领域中所发挥的突击队与排头兵作用。作为中国中铁下属的一个重要板块，中铁工业在推动技术创新方面做了很多非常突出的贡献，比如大型盾构设备、大型道岔设备、大跨度钢梁架设设备的研发制造，在铁路工程领域里占有人人称道的重要地位。

中国科技型企业的担当及创新实践

近年来,中国中铁也取得了一些重要成果。在国家科技进步奖中,他们捧回多个奖项;在中国专利金奖中,他们夺得2个奖项;还有大量科技创新成果,不断受到各方褒奖。

此外,中国铁路建设大军体现出的以国家需要为己任,不怕困难、敢于创新的精神面貌,与他们创造出来的骄人业绩一样,是我们最值得珍视的东西。

从历史的脉络看,中铁工业的触角可以伸展到100多年前中国现代民族工业初步探索创建之初,它跨越百年的发展史,正是民族工业从发轫到发展、从起步到起飞、从崛起到振兴的缩影。中铁工业从洋务运动时期的山海关造桥厂到新中国工业体系形成期参与"三线建设"的铁道部宝鸡桥梁厂,经历改革开放、国企改革,再到我国装备制造业创新发展期的中铁科工、中铁装备,经历"三个转变"洗礼,一步一个脚印,从民族工业的星星之火发展为一个现代化的上市企业,助力"一带一路"开拓建设、京津冀协同发展、长江经济带发展、粤港澳大湾区建设等重大战略的逐步实现,始终承载着中华民族对工业强国的殷切期许。

从空间的布局,中铁工业旗下各大企业,驻扎在黄河流域和长江流域,占据环渤海经济区、长江三角洲经济开放区、关中－天水经济区、成渝经济区,中原城市群、武汉城市圈、环鄱阳湖城市群、长株潭城市群、皖江城市带,过渡南北、连接东西部,辐射全国区域协调发展。同时,这些企业还分布在中国的西气东输线路、南水北调的大动脉上,与其他国企、民企一起稳扎稳打、协同发展。

可以说,以中铁工业为典型案例,剖析和展示中国民族工业至今的发展历程、变革经历,再恰当不过。因此本文将以中铁工业为切片,透视国企在这场大变局中的担当和其所产生的经济影响力。

第四章　国企的担当

1

　　现代工业的诞生，常常以1776年为起始点。1776年3月，英国人瓦特改良的应用型蒸汽机在波罗姆菲尔德煤矿开工。这如同一个宣言，人类从此迈入钢与铁铸就的时代。1877年，在距离巴黎370公里的工业小镇乐魁索，兴建了世界上最大的蒸汽锤。它是当时人类工业的巅峰级作品。当钢铁如橡皮泥一般由人类摆布时，一个繁荣的时代开启了。

　　1887年，法国以举国之力兴建埃菲尔铁塔。因为有了蒸汽锤，7000吨钢材得以从容锻造和强化，化身为坚固耐用的上万个分体构件和250万只铆钉。两年后，324米高的铁塔拔地而起，"人"形挺立的钢铁之躯倒映在柔软的水面，波光粼粼，时光凝聚。

　　1896年，李鸿章以老迈之躯出洋考察，造访欧洲。在塞纳河上，他看到了光芒四射的埃菲尔铁塔。虽然没有人知道那一刻他的内心是怎样的感慨，但后人或许可以推想出他的情绪波动——此前两年，1894年，他诚恳地上奏朝廷，詹天佑率领修建滦河大铁桥的"此三百技工得之不易，如遣散实为可惜"，为此清政府拨48万两白银，在山海关成立了中国第一个造桥工厂。于是，这300名经过现代工程技术实战训练的成熟技工，聚集在山海关创建了中国第一家桥梁钢结构制造企业"山桥厂"，也是中铁山桥的前身。它和江南造船厂、汉阳铁厂等一批民族企业一起，最早担负起了工业救国的重任。

　　那个时期，古老东方的精英们，都在酝酿如何改变旧中国。

　　作为中国近代工业的开端和基石，江南造船厂的沧桑历史可以追溯到一百五十多年前。1865年，晚清洋务派在上海组建近代中国第一所大型制造企业"江南机器制造总局"，一大批工业人才聚集于此，徐寿、华蘅芳、徐建寅等当时国内第一流的工程专家们，用他们的青春芳华，勾勒了中国工业萌发的最早蓝图。

仅仅凭借极少的参考资料,他们花了一年多的时间,在 1863 年 7 月制造完成了中国第一台蒸汽机,这被视为中国近代工业的开端。

中铁山桥等新秀的加盟,让民族工业团队如虎添翼。1905 年,詹天佑带领包括山桥人在内的铁路工人,修建了由中国人自主设计施工的第一条铁路干线京张铁路。

青龙桥车站,这里是京张铁路最精髓的一笔。当年无法攻克的工程难题,被詹天佑的精巧设计圆满解决。自高空俯瞰,轨道由此分流,一撇上扬直奔群山,一捺下行延展远方,饱含智慧的"人"字在崇山峻岭间无限舒展。

这个曾让全世界叹为观止的设计,今日依旧是传奇,而且有了更精彩的续篇。百年后,拥有强大生命力的中铁山桥再次参与京张高速铁路的修建。

京张高速铁路是一条连接北京市与河北省张家口市的城际高速铁路,是《中长期铁路网规划》(2016 年版)中"八纵八横"高速铁路主通道中"京兰通道"的重要组成部分,也是 2022 年北京冬奥会的重要交通保障设施。这是中国第一条采用自主研发的北斗卫星导航系统、设计时速 350 公里的智能化高速铁路,也是世界上第一条最高设计速度 350 公里/小时的高寒、大风沙高速铁路。

从高速时代进入智能时代,京张高铁标志着中国铁路新的里程碑。而百年后的中铁山桥也已焕发新生,打开由他们研发的"全生命周期桥梁服务云

图 4-1　修建竣工的京张铁路怀来桥

平台",京张高铁官厅水库特大桥的运营状态和各种数据一目了然。中铁山桥人采用了机器人焊接方式以及信息管理系统,提升了桥梁的智能化水平和智能管理水平。

百年间,从京张铁路的蒸汽机车到内燃机车,再到电力机车、高速动车组,一个个火车头、一列列车厢的变化,一条条铁轨、一个个道岔的变化,以及桥梁的智能化实现,折射出中国日益提升的科技创新实力。

当然,也有一些遗憾。百年前,与中铁山桥共同步履蹒跚前行的伙伴们,或许随波浮沉,或许星流云散。只有中铁山桥,依旧初心不改地见证、推动着中国工业的前进。

当然,中铁山桥还有自己的独到之处。那就是近百年的红色基因传承。早在建党之初,中铁山桥就成为党员活动的堡垒,成为最早听党话、跟党走的企业之一。中铁山桥在不断创新中永葆党的先进性,在基因传承中不断磨砺创新意志力,生命不断焕发青春,不断延续精彩。

2

新中国起步时,"一辆汽车、一架飞机、一辆坦克、一辆拖拉机都不能造"。1952 年,国内生产总值仅为 679 亿元。70 年砥砺奋斗,今日之中国,一年的经济增量相当于一个中等规模国家的经济总量。但我们不会忘记那段艰苦奋斗的经历,并且始终保持奋斗的精神。

20 世纪 60 年代,新中国经受着自成立以来前所未有的严峻考验和挑战。为应对国际局势的变化,加强战备,党中央作出了"三线建设"的重大战略决策:在中国中西部地区的 10 余个省、自治区进行一场以战备为指导思想的大规模国防、科技、工业和交通基本建设。

1964 年 8 月,铁道部根据党中央加强后方工业基地布局的战略方针,为适应铁路建设的需要,在内地筹建一个新厂。党的召唤就是命令,国家的安全就是责任，到祖国最需要的地方去。来自祖国四面八方的建设者 1000 余人，千里迢迢来到祖国大西北，历经千难万险，吃尽千辛万苦，在陕西宝鸡建成了我国第三座、西部第一座大型钢桥梁和铁路道岔生产企业。

1966 年 7 月 15 日，铁道部批准成立"铁道部宝鸡桥梁工厂、中共铁道部宝鸡桥梁工厂委员会"，至此宝桥诞生了。建厂当年，中铁宝桥生产钢桥梁 1892 吨，完成工业总产值 212 万元。1970 年，实现了道岔批量生产，当年产出道岔 311 组，全年工业总产值也扩大到 2323 万元。次年，高锰钢整铸辙叉也投入批量生产。至此，工业生产初具规模。

此时，在江西九江，一座大桥正在筹备开建。新中国成立后，毛泽东在武汉接见铁道部大桥局负责人时就提出过"十跨长江"的构想。1971 年，国家决定兴建九江长江大桥。同年，为配合即将开工的九江长江大桥施工建设，中铁大桥局决定在九江成立大桥局船舶大队，并把分散在国内各大江大河、海域上的施工船集中管理，统一调配，利用九江长江道的优势，建成船舶管理修造的集中营。

这一年的寒冬，浔阳江头，几名从朝鲜战场退役的老兵组成的"先遣队"在队长王泉林的带领下，在江西这片红土地上开荒通路，扎下了根。没人记住他们的名字，九桥人统称他们为"先遣队英雄"。他们始终保持抗美援朝的血

图 4-2　中铁宝桥建设初期

性为九桥开路。1972年，大桥局船舶大队更名为大桥局船舶管理处（简称船管处），集中管理大桥局内所有船舶，到港的船员达200多人。为了及时配合九江长江大桥的开工建设，"先遣队"根据大桥局"先建设、先生产、后生活"的建厂要求，加快了生产区厂房建设的速度。他们"晴天一身灰，下雨一脚泥"，苦干、快干、巧干，用不到一年的时间，将厂区和配套生活区建成。

1973年12月26日，九江长江大桥一号墩开工建设，船管处施工船舶配合大桥二处、大桥五处水上施工也同时展开。厂区生产也正式启动，对靠港中小型施工船舶展开维修工作。在华有恒、李怡厚、张西林等科技人员的带领下，1975年，自行研制的7025、7035型起重船获得成功。1975—1978年，先后制造4台7025、7035型起重船。1977年，成功研制第一艘沿海港作业拖船——大桥8号轮，从此掀开了船舶制造新篇章。

1978年全国科学技术大会召开后，为了推动铁路施工机械化，铁道部在武汉市一个废弃农机厂内，筹建铁道部武汉工程机械研究所，这就是现在中铁工业旗下中铁科工集团的主体。建设之初，为求生存，研究所"饿着肚子"搞研发，从生产火车用冰箱到混凝土搅拌站、装载机、轨枕螺栓钻取机、接触网维修车梯都有尝试，最终在向市场经济转轨的过程中，打破"铁饭碗"，研制出国内首台"空中移梁一次到位"的JQ 130架桥机，解决了国产架桥机效率低、安全性低的难题。

那个年代，这样的情形遍地开花。大家都以"两弹一星"和"铁人"精神，激励自己攻坚克难。尤其是1978年党的十一届三中全会胜利召开，伴随着改革开放的春风，吹响了国有企业改革的号角，地处大西北的宝桥在多年的追求、探索、徘徊和期盼中，终于迎来了加快发展的历史机遇，他们加速"东进双扩"，"沿江沿海"开新局。而九江修桥团队也因桥而变，乘上改革春风，从"圈养"到"放养"，投身市场大潮，并逐渐借船出海、扬帆海外……中铁工业旗下各企业呈现出积极向上、勇于探索、百折不挠的创业精神。

真可谓改革关头勇者胜。

中国科技型企业的担当及创新实践

3

改革开放四十多年，国有企业经历磨难，不断凤凰涅槃。世界见证了中国改革开放的伟大成绩。

20世纪末，正是中国基建大开发的年代，国家需要盾构机这种安全的设备。而且洋盾构施工时有泄露国家地理信息的可能，用于国防工程建设更是危险。党和政府敏锐地发现了这个问题，并做出了非常正确的抉择，给关于盾构机产业的国家"863计划"下拨了上亿元的资助资金。2001年，中铁隧道局承担的"关于隧道掘进机关键技术的研究"被正式列入国家"863计划"。2002年10月，由18人组成的盾构机研发项目组正式成立。

造盾构的心是豪迈的，历程是艰辛的。盾构机研发涵盖机械、力学、液压、电气等数十个领域，精密零部件多达3万个，一个控制系统就有2000多个控制点。项目组没有技术指导，从零起步，扎根施工一线，深入隧道现场，一根根管子排查，一个个元器件核对，多少个夜以继日，多少次面对质疑，多少回失败重来。经历了首台盾构的成功运用，2010年，中铁装备迎来鏖战市场的第一年。为顺利拿下重庆轨道交通盾构订单，中铁装备根据重庆的地质情况，提出了"硬岩盾构"的全新设计理念。独特理念、卓越性能、低廉造价，赢得了业主青睐。中铁装备一举中标了9台硬岩盾构。

专家提点 ｜ **朱宏任** 中国企业联合会、中国企业家协会党委书记、
　　　　　　　　　　常务副会长兼理事长

2019年8月，在中央财经委五次会议上，习近平总书记指出：我们要打好产业基础高级化、产业链现代化的攻坚战。如何打好产业技术高级化的攻坚战？如何打好产业链现代化的攻坚战？在产业链中发挥重要作用、骨干作用的企业，他们的力量是非常巨大的。

第四章 国企的担当

比如，负责制造铁路施工装备的企业，他们有可能承担的是其中一个零部件或者一个整机，也可能是对于整个产业链加以把控的装备，他们提出技术要求，提出生产规划，提出对最终产品的要求，在这些方面处于关键地位，处于龙头地位的，就是我们讲的在产业链中处于链长地位的企业。

中铁装备，就在这方面发挥了重要的作用。他们不只是制造一个产品，而是面对世界制造业的高峰，能够不断地克服难关，提出一个最先进的目标，并组织各方面的力量去达到它。这个也是发挥中国制度优势，体现巨大市场优势的一个重要方面，龙头企业会在这个方面发挥重要的作用。

2012年以前，只有德国盾构才能进入成都施工。为打开市场，工程负责人王杜娟带着团队对成都地铁的施工条件进行了专业分析和数据调研。她带着团队拿着方案一次次奔赴成都，找业主争取机会。一次不行两次，两次不行四次。最后她也记不得找了业主多少次，终于争取到了4台盾构的入场资格。针对成都无水卵石的特殊地质，技术人员对刀盘进行了加装喷水枪等特殊创新设计，应用效果非常好，提前一个月完成了隧道掘进任务，得到了业主的高度评价。直到现在，外国的盾构只要在成都，都会借鉴中铁盾构的设计思路。中铁装备借此机遇顺势出击，又在成都一举拿下17台盾构订单。乘势而上，中铁盾构的市场越来越大，名气越来越响。

港珠澳大桥是我国继三峡工程、青藏铁路之后又一项重大的基础设施建设项目，被英国《卫报》誉为"现代世界七大奇迹"之一。这是迄今为止世界上最长的跨海大桥，被誉为世界桥梁建设史上的"王冠"。"王冠"上熠熠生辉的，有不少技术含量颇高的中铁工业元素。在参建过程中，中铁山桥承担了大桥钢结构项目超大标段CB01标段18万吨钢结构的制造，中铁宝桥承担了4万多吨钢梁、钢塔的生产制造任务，中铁科工为港珠澳大桥研制了工程专用吊装、运输设备，负责钢箱梁的脱胎、转运、装船，中铁山桥和中铁九桥为港珠澳大桥制造了2000吨门式起重机。

中国科技型企业的担当及创新实践

图 4-3　港珠澳大桥航拍

2018 年 10 月 23 日，港珠澳大桥举行开通仪式，习近平总书记出席仪式并宣布大桥正式开通。这座粤港澳三地首次合作建设的大型跨海交通工程正式启用。

表彰港珠澳大桥功臣时，中铁工业 8 人获奖。

习近平总书记接见港珠澳大桥建设者代表时说，港珠澳大桥的建设创下多项世界之最，非常了不起，体现了一个国家逢山开路、遇水架桥的奋斗精神，体现了我国综合国力、自主创新能力，体现了勇创世界一流的民族志气。这是一座圆梦桥、同心桥、自信桥、复兴桥。

4

其实，中国奇迹带给世界的"礼物"，不只体现在统计数据，更是关键时刻的积极担当和求实创新的发展理念。

面对全球增长动能不足、经济治理滞后、发展失衡等矛盾，中国以务实合作推动联动发展，为世界经济高质量发展注入新活力、增添新动力。从亚欧大陆到非洲、美洲、大洋洲，共建"一带一路"成为共同的机遇之路、繁荣之路。世界银行报告显示，"一带一路"倡议全面实施可帮助 3200 万人摆脱中度贫困，使全球贸易额和全球收入分别增长 6.2% 和 2.9%。

图 4-4　连接中国与东南亚泛亚铁路重要通道之一的孟加拉国帕德玛大桥

加拿大约克大学政治学教授丹尼尔·德拉什曾详细分析"一带一路"倡议体现的中国特色发展合作模式：从基础设施入手解决发展难题，具有深刻改变沿线国家的社会运作方式和民众生活方式的革命性意义；采用政府与企业结合有效模式，体现中国高度专业化的规划和实施能力；着眼长远效益；务实灵活推进项目建设；不以意识形态划线，不干涉别国内政，使共建"一带一路"具有强大生命力。

中铁工业是深度参与"一带一路"倡议的企业之一，并成为高端装备制造的国家名片。中铁工业人积极开拓海外市场，推动国际交流合作，致力于为全球客户提供研发、设计、制造、工程服务、投资运营一体化的全产业链解决方案，产品和服务进入 70 多个国家和地区，为人类美好出行贡献了"中国智慧"。

5

2021 年 7 月中旬，全国连降大雨。但火车经过武汉长江大桥的时候，却依然给人们一种沉稳安全的感觉。近 70 年过去了，这座桥梁依旧姿态雄厚，

中国科技型企业的担当及创新实践

不负所托。它厚重的身躯上,铭刻着工业的光荣与梦想,满载着民族的祝福和希望。

新冠肺炎疫情暴发后,全国人民在党中央的集中统一领导下,凝聚起众志成城、共同抗击疫情的磅礴力量,我国抗疫斗争取得重大战略成果。疫情暴发之初,中铁工业即按照党中央国务院的统一部署,按照国务院国资委、中国中铁的直接领导,积极动员、快速行动,发挥"建造+制造"优势,迅速投身疫情防控第一线,勇于担当重责,在抗疫主战场走在前做表率。

投身疫情防控一线的中铁重工、中铁科工均出身武汉本土。中铁重工始建于1958年,原名铁道部武汉工程机械厂,由铁道兵第八师修理营演变而来。中铁重工从成立之初,就深深烙上了红色基因并流淌着军队血脉。

1958年至1970年期间,中铁重工是新中国铁路建设的重要厂家之一,肩负着祖国铁路建设重任,是国内生产架桥机、铺轨机产量最多、历史最久、规模最大、实力最强、品牌最响的制造企业,是铁路集装箱中心站大型专用门吊的第一个生产企业。

"六五"期间至"十一五"期间,中铁重工生产任务由20世纪六七十年代的工程机械维修、经租业务、配件制造和小型机电设备试制,转变为主要围绕生产组合钢模板和新型架桥机等进行研发,参与铁路大承包。为适应这一转变,中铁重工启动多种经营主辅分离等模式,坚持以改革统揽全局,经历了从传统的计划经济体制向市场经济体制转变、"国有民营"化管理、企业改制、调整产品结构、实行减员增效等变革,经历了从逐年亏损到扭亏为盈,走上了以铁路铺架设备为主、大型钢结构产品为辅的多元化发展之路。

2008年,中国中铁股份公司实施战略性重组,将旗下华中地区原"中铁工程机械研究设计院有限公司""中铁大桥局集团第七工程有限公司""中铁重工有限公司"三家单位重组,成立中铁科工集团有限公司。其中,中铁工程机械研究设计院有限公司起源于1979年成立的武汉工程机械研究所,中铁大桥局集团第七工程有限公司发源于1953年4月为修建武汉长江大桥经政务院批准成立的铁道部大桥工程局。

重组后,历史翻开崭新的一页。公司实行现代企业制度管理模式,企业营业额逐年增长,持续发展。2020年,中铁重工分立,直属中铁工业,逐步发展为多元化发展工程科技型企业和综合型建筑企业。

在武汉抗疫期间,无论是重工还是科工都发挥着自身的优势和铁一般的意志力。

与此同时,中铁钢构作为专业生产钢结构模块化装配式房屋企业,充分发挥制造优势,从2020年2月3日到2月10日,紧急为西安"小汤山"医院——西安市公共卫生中心供应500套装配式集成房屋。在河南,中铁装备2小时集结了14名技术骨干,紧急驰援河南省疫情防控期间新建的最大产能的口罩生产线;经过200个小时鏖战,中铁装备支援队提前3天完成40条口罩生产线组装任务。而中铁轨道研制出可解决大批量人员疫情防控的专用设备,助力企事业单位常态化精准防控。

中铁工业所属单位医疗机构直接从事疫情防控服务。中铁山桥医院的医务人员24小时坚守在京沈高速公路山海关服务区,积极配合地方政府对外来人员进行体温监测;中铁宝桥宝工医院作为新冠肺炎疑似病人隔离医学观察和治疗定点,累计接待疑似留观病患11例。此外,中铁工业发扬"一方有难、八方支援"的优良传统,公司党委发动党员捐款,全公司4800名党员同志自愿捐款75.9万元支持国家疫情防控工作。中铁装备从海外购置了183万元防疫物资支援武汉抗击疫情前线;中铁山桥、中铁科工主动为中小民营企业减免房租。

图4-5 中铁钢构紧急向西安公共卫生中心供应装配式集成房屋

图 4-6 中铁工业累计向 10 多个国家的合作伙伴送去 6 万余只口罩

在海外疫情肆虐的严峻时刻,中铁工业所属各单位积极施以援手,先后向德国、美国、法国、意大利、英国、波兰、新加坡、韩国、印尼、泰国、老挝等 10 多个国家的合作伙伴,送去 6 万余只口罩。

2020 年是脱贫攻坚决战决胜之年。中铁工业所属各单位积极投身脱贫攻坚工作,坚持摸实情、办实事、求实效,他们发挥央企优势,开展产业扶贫;落实教育扶贫,提素质去"穷根";发动消费扶贫,直接促进农民增收。各企业结合实际,精准发力,通过吸纳就业、发展特色产业等共建方式,帮助贫困户实现增收,促进地方经济发展,携手贫困地区人民群众走上全面小康之路,为贫困村摘帽、贫困户脱贫贡献"国企力量",基层单位先后荣获陕西省"千企扶千村"先进单位、宝鸡市"企业扶贫先进集体"等荣誉称号。

这就是中铁工业。

在他的身上,有历史的深刻烙印,有红色基因的优秀传承,有改革创新的引领潮头,有磨难中砥砺前行的探索,有自主研发迸发的无穷活力,有一路伴随每一个五年规划的尽心尽力执行,有走进新时代的全新面貌。

一世纪峥嵘岁月,几代人砥砺前行。从成立之初、发展壮大到低谷挫败、起死回生,再到跨越式发展,中铁工业旗下的企业,每位员工始终保持坚定的信念,铭记光荣的历史,提升党建核心引领力,传承工业人精神和优良作风,不畏艰难险阻,为交通强国建设做出了卓越的贡献,助力新时代企业改革创新发展,不断提升中铁工业品牌影响力。

第四章　国企的担当

6

中国国企一路走来——从无到有，从点到面，从管理到治理……红色基因薪火相传，国企精神历久弥新。

我国经济是靠实体经济起家的，也要靠实体经济走向未来。不论经济发展到什么时候，实体经济都是我国经济发展和在国际经济竞争中赢得主动的根基，必须始终高度重视发展壮大实体经济，抓实体经济一定要抓好制造业。

在新经济形势下，中国企业尤其是大企业要朝从做大到做强、做快到做优的方向转变。随着新技术、新产业、新业态、新模式不断涌现，产业竞争格局重塑，身处大变局中的中国工业，面对的将是前所未有的机遇与挑战。

前三次工业革命，人类走过"蒸汽机时代""电气时代""信息时代"。今天，世界正在开启以人工智能、清洁能源、量子信息以及生物技术等为主的第四次工业革命。这一次，一些新兴市场国家和发展中国家的后发优势显现，在某种程度上，他们已经与发达国家站在同一起跑线上。

在世界大变局中奋进新时代，无论世界如何变化，国企始终发挥"定海神针"的作用，并引领工业不断创新前行。大变局中，阳光依旧普照，万物不断生长……

敢问天地要资源，面朝大海天地宽

——以三峡能源等为例，初探"科技创新"引发的"全产业链条的连锁改变"

尤瓦尔·赫拉利在他的《人类简史》中写道：工业革命的核心，其实就是能源转换的革命。我们已经一再看到，我们能使用的能源其实无穷无尽。更确

切地说,唯一的限制只在于我们的无知。而且他说,每隔几十年,我们就能找到新的能源来源,所以人类能用的能源总量其实在不断增加。

仿佛是在印证这句话,从江水到海风、从长江奔大海,三峡能源敢于在天地间寻找新的能源来源,用科技创新践行着高质量发展之路。

1

2021年6月10日,"三峡能源"在沪市主板正式挂牌交易。

三峡能源成立于1985年,是我国最大的清洁能源集团——三峡集团的新能源战略实施主体。公司主营业务始终坚持风光并举、海陆并进。围绕"风光三峡"和"海上风电引领者"的战略目标,打造产业结构合理、资产质量优良、经济效益显著、管理水平先进的世界一流新能源公司。

实际上,三峡集团从诞生起,就致力于发展清洁能源。过去,三峡集团专注传统的水电,从1993年开始建设三峡、开发长江。在建成三峡工程以后,三峡集团上溯开发金沙江下游的四个大电站:向家坝、溪洛渡、白鹤滩、乌东德。近二十年,我国进入"风光"时代,风电和光伏行业风起云涌。与主要电力央企注重开发风电或者光伏不同,三峡能源始终秉持"风光协同、海陆共进"的开发思路,均衡布局风电光伏产业。2012—2020年,公司风电装机规模从150万千瓦增长至880万千瓦,复合增长率24.8%;光伏累计装机从3万千瓦增长至650万千瓦,复合增长率95.9%。截至2020年12月底,公司累计并网装机规模超1500万千瓦,业务范围涵盖全国30个省、自治区和直辖市,风光装机规模均处行业前列。

相比陆地,海洋资源还没有被大量开发出来。中国自古就是海洋大国。秦汉以来,生产力不断发展进步,中国人对海洋的了解逐渐加深,造船与航海技术不断进步,包括海洋渔业、滩涂采集、养殖、制盐、海上交通、海上贸易等在内的海洋经济活动持续发展和扩大。但古代中国人主要还是以陆地思维来认识和利用海洋，对海洋的认知始终未离开"民以食为天"的理念。

工业革命以来，人类主要依靠化石能源，其污染环境的副作用已非常严重。风能、太阳能、海洋能，是清洁无污染的可再生能源，也是21世纪最具发展潜力的几大绿色能源之一。20世纪90年代初，北欧国家就已经开始探索海上风电。1990年，瑞典安装了第一台试验性的海上风电机组；1991年，丹麦建立起全球第一座海上风电场；2000年，兆瓦级风电机组开始用于海上，从而让海上风电项目初步具备了商业化应用价值；2002年，丹麦在北海海域建成了世界上第一座大型海上风电场。随后，瑞典、德国、英国、比利时、法国等诸多欧洲国家都陆续投入了海上风电场的建设。至今全球海上风电发展已经走过了30年历程。2007年，在欧洲之外，中国也在大规模建设海上风电场。首台1.5兆瓦海上风电机组安装于渤海，接入海上油田的独立电网。中国借鉴海外的先进经验，有定力，有耐心，做足了功课，终于向大海致敬，逐步完成水电向风电、长江向大海的扩容脚步。

海上风电，是一个大集成、多兵种、大协同作战的行业，对装备能力、技术创新能力和项目管控能力的要求非常高。与此同时，像海洋风电这样的大项目，首先必须带动装备国产化。

作为国内首批海上风电商业示范项目之一，响水海上风电工程在建设过程

图 4-7 江苏如东复合筒型基础出海安装

图 4-8 中铁九桥制造的"小天鹅"号海上风力发电稳桩平台

中积极探索技术创新并推进国产化。中铁工业"小天鹅"号风电稳桩平台、国内最大海上风机导管架，以及中交集团"道达风能"号安装船、复合筒型基础等，都是我国科研人员自主研发、设计和建造的。

作为海上风力发电设备的重要组成部分，海上风电稳桩平台是海上风力发电桩打桩施工的精准定位固定装置，其主要金属结构由下部平台、立柱结构、抱箍、顶紧油缸组件一、顶紧油缸组件二等组成。结构件中大部分为箱形构件和钢管桩，构件联接采用焊接、栓接和销接，部分构件上装有液压设备。风电稳桩平台长34.1米，宽16.5米，高18.2米，总重408吨。因需要整体发运，固定装船方向，导致装船难度很大。

近年来，中铁九桥坚持以钢梁制造为主，瞄准新基建，不断延展产业链，在该项目中，中铁九桥华南分公司全体员工通力合作，历时两个月，成功解决了产品结构复杂、精度要求高等难题，有效克服了场外拼装天气恶劣、工期紧等因素，最终保证了"小天鹅"号风电稳桩平台开合试验圆满成功并顺利发运。

当然，从整体来讲，国内海上风电机组供应链基础依然比较薄弱，配套技术不成熟，在核心高端部件如大直径轴承等方面对国外依赖程度较大。不过这样的情况正在改变，我国风电人在关键核心部件基础研究和国产化力度上，都在着力培养一批尖端制造企业。同时，海上风电的发展还是要在政策的引领下有序稳步发展。

2

2018年夏，福建福清兴化湾的海边，海风凌烈，路人步履蹒跚。这里比江苏如东的海风更猛烈。在靠近海岸边的一片沙石地中，一座产业园拔地而起。第二天便是8兆瓦风机下线的庆典，处处可见清洁工人们拿着扫帚、抹布在做着最后的清洁修整工作，红地毯铺上，绿植鲜花也被加固后，摆放齐整。

这里是三峡能源在福建福清建设的一个7.74万千瓦的海上样机试验风电

第四章 国企的担当

图 4-9 金风科技 8 兆瓦机组生产现场

场，引来了金风科技等八家行业顶尖的整机制造商和零配件厂。国际企业有西门子、GE，国内企业包括金风科技、东方电气、太重、明阳等知名风机厂。据了解，共有 8 家企业 14 台风机在这里同台竞技。

在 8 兆瓦之前，中国风电团队首先要面对的是 6.7 兆瓦风机的挑战。在当时，这是一次非常巨大的挑战。

在这个机型的研发过程中，金风科技负责做研发，三峡能源提供研发的场景，就在兴化湾的风电场里。让所有人感到空前压力的是，同台竞技的两个国外的产品是定型产品，金风科技研发的是首台套。

6.7 兆瓦国产风机成功下线，1000 亩地的福建现代风电产业园就牢固地树立了起来。建设者们的信心更足了。8 兆瓦、10 兆瓦、15 兆瓦……一个个新目标被不断攻克。三峡能源带动着整条产业链上配套企业的成长与进步。

如今，这支中国海上风电航母舰队，又刚好赶上了"碳达峰碳中和"这样一个黄金季节，发展进一步提速。

3

如今，海上风电技术创新进入关键期。为了向世界先进更好地学习，三峡航母舰队乃至中国风电业界，甚至已经开始进军海上风电的发源地——欧洲。丹麦在欧洲的北海建造了世界最大的风力发电场，希望到 2025 年能满足境内

中国科技型企业的担当及创新实践

75% 的电力需求。欧洲风力交易协会预测，2030 年前欧洲所有风力发电场的发电量将占各类能源发电总和的 7%。各国风电大咖都在北海齐聚，探索协同发展。

敢于向天地要资源，充分利用大海无穷的天然资源已是大势所趋，创新和提升品质是必需的保障。截至 2021 年 6 月，三峡能源装机规模超过 1600 万千瓦，资产规模超过 1800 亿元，业务已覆盖全国 30 个省、自治区和直辖市，装机规模、盈利能力等跻身国内新能源企业第一梯队。

依照规划，中国将提高自主创新贡献力度，采取更加有力的政策和措施，二氧化碳排放力争 2030 年前达到峰值，力争 2060 年前实现碳中和。减排目标显示，到 2030 年，中国单位国内生产总值二氧化碳排放将比 2005 年下降 65% 以上，非化石能源占一次能源消费比重将达到 25% 左右。

以三峡能源为代表的一个个国企组成的航母舰队已经信心十足，做好了准备。在碳中和背景下，化石能源预期得到控制，新能源有望成为碳中和的核心力量。随着存量补贴逐步解决，行业迎来平价时代，风力发电和光伏发电的成本有望进一步下降，现金流和盈利能力将得到明显改善。

4

今天，三峡能源坚定不移地实施着"海上风电引领者"战略，全力推进广东、福建、江苏、辽宁、山东等地前期工作，不断巩固海上风电集中连片规模化开发优势。比如在广东阳江，三峡能源准备再开工投建 300 万千瓦风电，这样在广东阳江，三峡集团就形成总装机 500 万千瓦的海上风电场。

那么，三峡能源带给老百姓的实惠有哪些呢？帮助贫困地区找到产业支撑实现"真脱贫"、在采煤沉陷区建设漂浮式光伏电站、利用光伏矩阵防沙固沙等，三峡新能源在利用"绿色引擎"助推脱贫攻坚的同时，发力新时代生态文明建设，帮助人民群众改造生态环境，取得了实实在在的效果。

第四章 国企的担当

三峡集团在金沙江下游投资了溪洛渡、向家坝、乌东德、白鹤滩四座巨型水电站，总装机4600多万千瓦，相当于两个三峡工程。水电站在建设过程中往往需要搬迁被淹没地区的居民，修路建房，能带动当地基础设施和城镇化水平的提高。对经济欠发达的水电库区来说，一座座巨型水电工程本身就是一个个规模巨大的扶贫工程。

金沙江下游四座梯级电站建设征地范围涉及云南、四川两省9个市州35个县区。库区县在水电开发前，区域经济发展水平不高，受淹没影响的县中有15个是贫困县。水电开发大幅改善了库区的交通等基础设施条件。从实物指标复核调查情况来看，四座电站淹没影响的公路，许多都不满足等级公路的要求，路面结构较差。在实施阶段，等级公路均按照最新国家标准进行规划复建，非等级公路全部硬化。同时，大幅改善了库区的教育医疗条件。淹没前，库区学校和卫生院的条件薄弱，绝大部分学校医院的硬件设施差，不满足国家强制性标准的要求。在实施阶段，全部按照国家强制性标准的要求进行规划设计、迁建。移民房屋也从土坯房、砖瓦房变成砖混结构、框架结构房，移民住房的安全性、舒适性得到显著改善。通过电站建设和移民搬迁安置，15个贫困县区城镇化等方面的发展"一步跨越"30年。

中央企业作为助力脱贫攻坚的国家队，一直在全面打赢脱贫攻坚战中发挥主力军的作用。电站的建成不是终点，而是当地经济发展的新起点。平价是三峡能源最后的追求目标，所谓的平价就是和其他品种的能源同台竞技，终极目标是要让价格亲民，让老百姓用得起电。中国海上工程团队，具有非常强的创新执行力，共同为海上风电的平价贡献智慧和力量。

专家提点 | **成长春** 江苏长江经济带研究院院长兼首席专家

从我国通过"赛马"选拔出来的先进制造业集群来看，龙头企业的带动作用非常关键。比如，新能源汽车制造业集群，当时初选胜出两家，第一个是长春第一汽车制造厂，第二个是宁波的汽车产业集群。宁波的新能源汽车，几乎

所有零部件不出宁波都能供应齐全,全产业链,这就是宁波的优势。天津和西安在某些领域也不错,但是没有像宁波全产业链的这种优势。江苏徐州工程机械集群,以徐工集团为核心。苏州的纳米技术产业,常州的碳纤维和石墨烯等新材料等,都有龙头企业来支撑。南通的船舶海工也有自己的优势。

富强竞赛中的国企:扛起工业文化遍地盛开的责任

上海8号桥,中国文创产业的标杆,也是上海工业旅游促进中心办公的地点。近两年,这里发起和倡导工业文化游,再次将工业文化的气氛点亮。

上海,是中国近代工业的发源地、现代工业的集聚地、先进制造业的抢滩地。中国第一座大型兵工厂——江南制造总局、创造多项中国工业第一的江南造船厂……上海不仅拥有工业遗产290余处,涉及三十多个制造业大类,更有中国商飞、上海汽车、江南造船、宝山钢铁、三一重机、超算中心等体现国内先进制造业最高水平的现代企业。

工业旅游就是工业文化和旅游相融合。文化是它的内涵,而旅游是它的形式和载体,是工业形象很好的传播手段。8号桥正是上海工业旅游促进中心一

图4-10 上海外滩的大背景中隐藏着一个工业城市的昨天与今日

图4-11 上海8号桥的咖啡馆

图4-12 上海8号桥的老工厂改成了文创产业基地

手打造的品牌。

上海工业旅游促进中心的鲍炳新认为，如果一个城市将工业遗迹全部拆掉以后，实际上会让外地来上海的人们觉得上海没有工业的痕迹，而这些遗迹恰恰是上海不同于其他城市的领先的地方、特别的地方。现在人们已经认识到了，产业转型没问题，但是产业痕迹要保留。作为城市更新，不是大拆大建，而要保留，要赋予它新的内涵，也就是要把一些老厂房保护、利用、开发好。

经过一番设计、包装和改造，上海8号桥曾经破旧的老厂房彻底改变面貌，随处可见的是前卫和时尚的创意，焕然一新，令人心动。上海工业旅游促进中心的刘青主任近几年都在为工业文化的推广奔走呼号。在她眼里，8号桥曾经"就是一个封闭的制造业工厂，普通人是不能进去的。现在变成了开放性的文创园区以后，大家都可以到这里来参观，都可以到这里来拍照摄影、休闲娱乐"。

随着传统的纺织、钢铁产业等调整、转型、升级，发展工业旅游成了保留工业文明和历史建筑的新亮点。同时，随着一个个的老厂房变成旅游景点，工业旅游带来的绿色经济效益越发明显起来，不仅改善了经济发展与环境间的矛盾，也创造了新的经济增长点。

1

2018年8月，上海市政府出台《关于促进上海旅游高品质发展加快建设世界著名旅游城市的若干意见》，提出要建设国家工业旅游示范城市。得天独厚的工业资源、深邃的工业历史、深厚的文化底蕴、完备的产业门类、创新的增长领域、合理的点线分布，为上海工业旅游的发展提供了巨大的优势。

刘青很喜欢自己的工业文化推广工作，她说，如果自己不从事这项工作，也不可能走入这些工厂去了解它背后的故事、它的企业文化、它的企业产品、它的文脉传承。所以这对于她自身来说也是很有收获的。"像我去了一家咖啡设备的生产厂，我才知道咖啡设备是这样生产出来的。我去了江南造船厂以后,看到航母是这样做出来的。这本身就是一个很有乐趣、很有收获的过程。"

上海市旅游局推出5条上海工业旅游经典线路,以"走进上海制造"为主题,分别为"工业遗存体验之旅""智慧城市互动之旅""极速汽车动感之旅""重工制造辉煌之旅""智能生活探秘之旅",为上海旅游拓宽内容,加持旅游感受。

上海汽车博物馆,每天前来参观的人络绎不绝。从一排排的小学生到独自徘徊的耄耋老人,从家庭到学校,每个兴冲冲前来的人,不分年龄,无论老幼,都拥有着同一种表情:好奇、求知。百年峥嵘,群星璀璨。今天,人们可以透过陈列室的种种珍藏,回望那些胸怀工业兴国热望、斩荆前行的伟岸背影。

博物馆是一个很好的宣传工业文化的阵地。德国企业对自己的工业历程收纳得很好也很整齐,在这方面,国企需要做的工作还有很多。

其实现在很多企业已经非常重视自己的企业品牌宣传,都会备有企业展览室,但是真正能做到具备文化内涵、历史内涵的展览馆还不多见。在"国家技术创新示范企业"浙江中控技术股份有限公司的玻璃长廊上,由走廊改造成小小的春晖技术展示馆,阳光照耀,玻璃窗反射温暖的光芒,这里自有一种工业人的质朴在里面。

德国南部城市斯图加特,一座孕育了奔驰、保时捷和博世的工业制造之城。相较于装修奢华、游客爆棚的奔驰、保时捷博物馆,独居闹市一隅的博世

图4-13 上海汽车博物馆

图 4-14　浙江中控展示的老仪器　　　　图 4-15　自动化爱好者捐赠的老物件

博物馆显得低调淡雅。然而，就是在那不足 200 平方米的展览空间，容纳的却是德国工业一百二十年来的点滴精华：世界上第一只启动发动机运转的火花塞、世界上第一部精确指引行程的 GPS 导航系统……

中国其实很缺乏像这样的企业博物馆，不需要很大，小小的，有历史，很温暖，有光泽，储存可持续发展的能量。它是企业文化和精神的来源和升华。作为中国工业的"定海神针"，大国企、大央企更应该组成这样的工业文化传播阵地。

纵观人类社会的每一项技术突破，无不是从疑惑、从一些孩童般的奇思妙想开始，而工业让这些想法一个个成为可能。

2

北京石景山，首钢扎根于此已近百年。2004 年 8 月，一场决定首钢园未来几十年命运的讨论拉开序幕，在"搬一半"还是"搬全部"的博弈中，首钢还是在艰难与不舍中决定实施战略性搬迁。

花了整整十年时间，首钢及园区才逐步完成了搬迁。2010 年年底，首钢北京钢铁主流程停产，新的钢厂在河北迁安、曹妃甸重生。在长安街西延长线上的原首钢老厂区，新的规划也开始提上日程。2016 年 5 月，北京 2022 年冬

中国科技型企业的担当及创新实践

奥组委入驻首钢老厂区西十筒仓，对首钢而言这是一个里程碑式的时间点，紧锣密鼓的开发改造工程开始提速。

昔日在首钢工作的司机师傅们，亲眼见证了首钢园区的"重生"。现在踏入首钢园，新旧面貌契合相宜：由钢管组成的、留存着钢铁时代气蕴的公交车站散点式分布园中；在无人驾驶车示范区域，5G的自动驾驶车辆每隔一段距离便会有一辆映入眼帘；当初功勋卓著的三高炉，现在作为全球品牌首发中心，已经先后举办了北京卫视冰雪跨年盛典、奔驰新品汽车发布会等大型活动。

工业文化遗产的保护，全国各地都在展开。2018年6月，国务院国资委在中国核工业科技馆正式发布了中央企业工业文化遗产（核工业）名录和《中央企业历史文化遗产图册》。这是国资委首次对外发布中央企业工业文化遗产名录，首批专门发布了核工业行业的12项工业文化遗产，后续还将陆续发布其他行业的工业文化遗产名录。

作为我国工业的主力军，国企在多年发展历程中，积淀了丰富的历史文化遗产、工业文化遗产和革命文化遗产，展现了中国近代革命历程、近现代工业发展历程和新中国企业发展历程。据不完全统计，目前中央企业各类工业文化遗产共有700多处（个），国家级文物252套（个），既包括见证近现代工业发展历程的各类历史建筑、工业旧址、三线建设时期设施设备等历史遗产，也包括展示中央企业革命建设与改革发展历史的博物馆、展览馆、陈列馆、纪念馆等各类场馆，具有较高的历史、文化、技术、社会、建筑和科学价值。

2018年，在工信部公布的第二批国家工业遗产名单中，中铁山桥有八处工业遗址入选。

中铁山桥被誉为中国"钢桥的摇篮，道岔的故乡"。历史上的山海关桥梁厂制造了中国第一孔钢桥、第一组铁路道岔、第一台架桥机、第一座长江大桥——武汉长江大桥。当年，山海关桥梁厂的主厂区总面积70万平方米，目前，中铁山桥仍留有一面建厂时砌筑的砖墙。其工业建筑主体为新中国成立后国家投资新建的钢梁、道岔厂房及附属设施，经多年运行，厂房结构仍保存完好。作为工业遗产核心物项的牛头刨床等五台老设备及一件郑州黄河大桥钢梁,均保存在厂区历史文化广场上,成为传承历史文化的载体。悠久历史和厚重的文化底蕴,铸就了山桥集团这张绚丽的中国桥梁名片。入选的工业遗产是原钢梁车间厂房、打风机厂房、清光绪二十四年桥牌、两米铣边机床、型钢矫正机、1914年交通部直辖京奉铁路管理局电报、武汉长江大桥钢梁制造过程图册、铁道部山海关桥梁工厂志。

　　文化是一种集体心态,也是一种会影响浸入者的场域。文化具有塑造人的功能。在有着8000万人口的德国,有6000多家博物馆,仅柏林就有170家。上至八旬老人,下至几岁儿童,都可以在博物馆中找到属于他们的精神食粮。他们会拿一把椅子、一支笔、一个本,花上整天的时间泡在同一家博物馆里。德国每年各地还会发起"博物馆长夜"的活动,当天很多博物馆都面向公众提

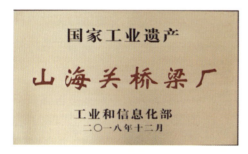

图4-16　2018年12月工业和信息化部将山海关桥梁厂定为国家工业遗产

图4-17　1898年京汉铁路郑州黄河大桥上的桥牌

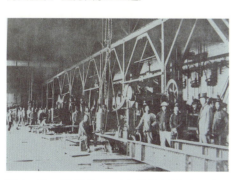

图4-18　20世纪二三十年代的山桥钢梁厂房

图4-19　型钢矫正机

中国科技型企业的担当及创新实践

供免费的向导、展览解说的服务，除此还会有音乐会、学术讲座、电影放映会、展览参观等彻夜的文化活动。活动当天夜里，博物馆门前排起长队，人们在一起探讨艺术，交流感想。试想一下，如果我们的孩子能常年在工业博物馆的气氛中熏陶和引导，那么又何愁工业人才的供给呢？

3

工业文化，蕴涵着一种与工业发展相匹配的精神，这种精神能够促进工业发展，构筑国家富强的根基。国家既是主动塑造文化的行为主体，也是承载特定文化的容器。一国工业的兴起与衰退都呈现出特定的文化景观。可以说，工业发展创造了一种适应工业社会的新型文化，而工业文化的繁荣与衰败又足以影响工业经济的绩效。

2014年，工信部工业文化发展中心成立，致力于推动工业旅游、工业博物馆等多个领域的发展。随后，全国工业旅游蓬勃兴起。2019年，全国工业旅游联盟成立，涵盖了全国20余个省区市的煤炭、电力、钢铁、汽车等行业。

同样，现代企业的竞争，归根到底是企业文化的竞争。十九大报告强调，要"激发和保护企业家精神，鼓励更多社会主体投身创新创业"，要"培育具有全球竞争力的世界一流企业"。企业家精神是工业文化的核心要素之一。现在，在市场上具有强势竞争力的企业在不断强化自己的企业文化和企业家精神，因为他们业已明白企业最后能够保持强大可持续发展的动力源泉来自工业文化、企业文化。勤奋、进取、相信科学、面向未来等共性价值观渗透其中。

工业文化呈现的是对推动绿色发展的思考。它所演绎出的工业遗存、工业博物馆和工业旅游多管齐下，一个生态文明的体系呼之欲出，从企业到个人，无不受其惠泽。"比如说老百姓对一个企业食品安全、健康安全等存在一些顾虑，如果这个时候我们走进工业旅游，就会更好地了解这个企业，会让企业的生产品质各方面得到更大的保障。市民和游客对这样的一些企业会更有信心，对城市的文化也更有信心",刘青如是说。

工业文化学者严鹏近年来一口气出了几本谈工业文化的新书。他在书中分析了国内国外的工业文化发展历史,并提到:"在300年不到的时间里,工业革命彻底改变了世界,也不断改变着它自己。但是工业文化的价值观要素没有改变,工业精神的本质没有改变。21世纪的富强竞赛正如火如荼,坚守工业精神而创造出新形式工业文化的参赛者,将赢得胜利"。

中铁山桥:中国民族工业百年历程,每一段记忆里都有你

山海关,长城巍峨,山海壮美。站在城楼上,瞻望"天下第一关"的匾额,那苍劲浑厚的笔力与城楼风格浑然一体,古今巨作,万人敬仰。来到这座城市的核心标志,望长城,观沧海,品历史,移步入景,穿越百年,那句旷世楹联油然心起:山海关观海山山海壮观。

依山傍海,中铁山桥虎踞于此,已经百年有余。它和**福建马尾船厂、江南造船厂、汉阳铁厂等老牌企业**,是我国民族工业百年巨擘,被西方视为中国觉醒的标志。

在中铁山桥有一个传统,就是每隔二十五年,都要重修和续写厂志。在企业里工作了三十多**年的高尚宏**,正在编写新一轮厂志。高尚宏,山桥人送外号"活厂史",接到修厂志的任务,他就迫不及待地行动起来,因为这是一个需要时间潜心钻研的艰巨任务,而他即将退休,他希望能赶在自己退休前完成这项工作。

虽然在世界工业舞台,中国晚来一步,但始终能够折射出东西方工业文明的不断竞赛和相互促进。

中国科技型企业的担当及创新实践

1

1891 年，清政府在山海关设立了北洋官铁路局，开始修建古冶至山海关间铁路。一年后，在这条铁路之上开始架设滦河大铁桥。为了建桥，北洋官铁路局在山海关城南董庄北侧设立了锻造铁路工务用品工厂，工厂的生产形式以手工和半流动式作业为主，当时只能生产铁镐、垫板、道钉等铁路工务用品和简单的桥梁配件产品。

由于当地复杂的地质结构，外国专家建造滦河大桥接连失败。一筹莫展之际，当时年仅 33 岁的工程师詹天佑挺身而出，凭着为中国人争口气的初心，借鉴中国传统造桥方法，带领全部由中国技工组成的队伍建成了大桥。这也是中国的第一座铁路钢桥。然而，彼时的那座桥梁，还不能称为"中国制造"。

1934 年国民政府交通部编著的《交通史路政编》一书，详细记载了山桥建厂之初的情况："工厂仅有厂长办公室两间，库房一所，工房仅有桥梁房、机器房、配机房、翻砂房、木样房、油漆房等共 8 所，全厂占地 135 亩，位置于山海关车站之西、铁路之南……"就是在这家设备简陋的工厂，当詹天佑与三百技工相遇，中国人自己的现代梁桥梦想才正式开启。"（近代工业）其实对后来中国工业的发展还是有非常大的意义的，今天我们中国的好多大型的企

图 4-20 1894 年中国人自己建造的中国第一座钢铁大桥——滦河铁路大桥通车

图 4-21 20 世纪初的山桥厂

业,其实还是直接继承了近代中国的遗产。它还有一个非常重要的意义,就是起到了文化上一种破冰的作用",华中师范大学中国工业文化研究中心副主任严鹏在工业文化中,找到了民族工业之根的意义,而他所说的这种破冰,无疑凝聚了中国民族工业的信仰。

回首百年,品味一个个鲜活的历史瞬间,写厂志的高尚宏感慨良多。他说:"我们的第一任'总经理'是李鸿章,第一任'总工程师'是詹天佑。"毕业于耶鲁大学土木工程系的詹天佑,是中国铁路工程的先驱,也是中国桥梁人的先驱。1905年,由中国人自主设计施工的第一条铁路干线,京张铁路开工兴建。京张铁路地势艰难,中隔高山峻岭,路险工艰为他处所未有。深知责任重大,总工程师詹天佑发动了从业以来精心培育的所有技术储备。曾经追随詹天佑修建滦河大桥的300名技工也应召而来,整整四年,他们一起穿行在崇山峻岭间,一路铺轨200公里,为京张铁路全线制造了全部钢桥共121座。其中最长桥梁怀来桥,由7孔30.5米(100英尺)的简支上承钢桁梁组成。

工业文化学者严鹏在谈到早期中国人修铁路的历史时也说到,我国最早的一些铁路,实际上是修好了又拆了的,这表明什么?就表明在社会上,其实对这种新的事物是有抵触的。"詹天佑的意义是什么?他是一种工业精神的象征,他的启蒙作用很大,在文化上和知识上,他进行了一定的示范和引领。"

青龙桥车站,京张铁路最精髓的一笔,几十年前就出现在小学语文课本

图4-22 山海关造桥厂为京张铁路制造的最长桥梁怀来桥

图4-23 山桥科技楼前的詹天佑铜像

中,一直到今天的小学课堂,依然在教孩子们认知这些爱国工程师身上体现出来的"中国人民的智慧和力量"。

中铁山桥从一起步就目标高远,为中华民族工业救国挺身而出。如今,乘火车去八达岭,过青龙桥车站,可以看到一座铜像,那就是詹天佑的铜像。而在中铁山桥的大院中,也伫立着一座詹天佑的雕像,激励一批批天生具有创新创造能力的山桥人,持续不断地创造工业奇迹。

2

山桥厂区内的历史人物雕像,除了詹天佑,还有王尽美。

1922年8月,中共一大代表王尽美来到山海关,以学徒工身份进入山桥。9月,他在这里建立了秦皇岛地区第一个党组织,10月,便领导工人举行了震惊中外的京奉铁路工人大罢工。在这次罢工中,山桥工人杨宝昆、刘武起到了至关重要的作用,也成长为坚定的马克思主义战士。

这段历史,是山桥最早的红色记忆。革命家王尽美,一直是山桥人眼中的"工友"。他从嘉兴红船上带来的红色基因,也由山桥第一代革命工人杨宝昆、刘武开始,传承至今。这红色基因,就是山桥人心中的家国情怀。

图 4-24 中国共产党创始人之一 王尽美

图 4-25 中铁山桥集团庆祝建党一百周年 向王尽美同志敬献花篮

百年前，本名王瑞俊的王尽美提及改名的原因，说是为了让中国、中国人民"尽善尽美"。这个理想，像种子一样被播撒在了山桥。在山桥人眼中，"尽美精神"和"天佑精神"一样，既是自立自强的工匠精神，又是家国情怀的爱国主义，早已成为山桥人融入血脉的不懈追求。

高尚宏写新厂志的事传播开来，有人告诉他，说是有山桥后人兄弟俩，家里还有几张父亲留下的老照片，他们想捐赠出来。高尚宏登门拜访，果然发现了从来没见过的近3米长的老照片，拍摄于1957年。当年，正值武汉长江大桥竣工，参加大桥修建的工程代表光荣地受到了国家领导人的接见。拿起放大镜，**高尚宏**在众多光荣代表中找到了兄弟俩的父亲、山桥老工程师张春华。

武汉长江大桥，是"一五"计划期间的重要建设成就。1953年，自积贫赢弱中站起的中国，开启第一个五年计划，历雪逢春的中国民族工业，从"一桥二铁三路四厂"艰辛起步，夯实国家的工业基础。其中，"一五"计划中的"一桥二铁三路四厂"：一桥是指武汉长江大桥；二铁是指宝成铁路和鹰厦铁路；三路是指川藏公路、青藏公路和新藏公路；四厂是指鞍山钢铁公司大型轧钢厂、长春第一汽车制造厂、中国第一个飞机制造厂和沈阳第一机床厂。

1955年，"万里长江第一桥"开始兴建，两万名建设者从全国各地赶

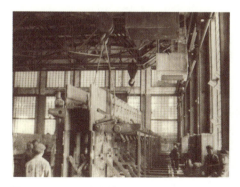

图4-26 用无孔拼装夹具组装铆接桥悬杆

图4-27 新中国第一座长江大桥"武汉长江大桥"

到武汉,用钢与铁奏响奋进之歌。山桥厂更是举全厂之力攻坚克难,大家将全部的智慧和汗水都倾注在了大桥的建设上,饭在工厂吃,觉在工厂睡。为了造桥,山桥第一批全国劳模、造桥工人赵连仲把家里长了几十年的老榆树锯断,做成木槌当工具。大家都有一个共同的心愿,就是把这个大桥建成最好的桥。靠着这些简陋的工装设备,山桥制造出了被外国专家认为"世界上质量最好,最牢固的桥梁"。

1957年10月15日,武汉长江大桥竣工通车,比预定计划提前两年。为了表彰这些工业战线上的英雄代表,国家领导人和他们拍照合影留念。武汉长江大桥,连通大江南北,使天堑变通途,梦想得实现。

紧接着,1961年,中铁山桥开始承担南京长江大桥钢梁制造任务。在苏联专家撤走的困境下,"建争气桥"成了山桥人的口号。高尚宏在回忆老一辈山桥人秉持的精神时说:"我们中国人憋了一口气,一定要把这个大桥建成。技术条件再落后,工装再落后,我们要想法把它做出来,把它架上去。当时中铁山桥人,包括中铁大桥局这些工人,这些工程师在这方面吃尽了苦头。我觉得是爱国主义精神,在这种精神的感召下,没有克服不了的困难。"

图4-28 南京长江大桥

就这样，从"一五"计划起始，一个五年接着一个五年，中铁山桥的桥梁修建事业不断攀登新的历史高度。至今，山桥已累计制造各种类型桥梁 3200 余座，先后制造了 40 座跨长江大桥、20 座跨黄河大桥和 17 座跨海大桥，创下了众多的"中国第一"和"世界第一"，获得了多项国家优质工程奖金奖和詹天佑大奖。

忆往昔峥嵘岁月稠。几十年来，以山桥为代表的新中国工人，在中国共产党的领导下，筚路蓝缕，自力更生，艰难却坚定地建立起了独立完整的工业体系，并形成了大庆精神、"两弹一星"精神等辉映时代的精神谱系，推动了人类历史上规模最大、涉及人口最多的工业化进程。前人历经艰辛，而后人得享荣耀。

3

现在，中铁山桥在国内率先将焊接机器人应用在钢桥制造中，首创船位反变形焊接技术，成功研制了板单元制造自动化生产线，引领了行业技术发展，但是大家始终也忘不了当年手工焊接时老山桥人的那份精神和情怀。

中铁山桥副总工程师田智杰的父亲田长令，当年是厂里杰出的焊接工艺能手。1978 年，是田长令人生中的一个重要转折。

改革开放初期，随着我国国民经济的快速发展，公路客货运输量急剧增加，公路交通部门开始深入研究发达国家解决交通问题的经验，我国公路建设得到了迅猛发展。但在此时，乘风破浪的中铁山桥却遭遇到了创立百年以来最大的挫折。山桥最擅长做铁路桥，积累了百年经验，但是公路桥发展起来后，山桥失去了竞争的优势。

面对这样的困难局面，山桥人扭转思路，攻克了公路桥梁建造关键技术，正式迈入铁路、公路桥梁"双桥驱动"的新时期。

中国科技型企业的担当及创新实践

4

在山桥文化长廊,有一个桥梁的模型格外亮眼,它就是中铁山桥集大成之作:港珠澳大桥。

港珠澳大桥结构复杂,施工难度大,如果将港珠澳大桥从结构的角度分解开来,主要由钢箱梁(桥面)、桥墩和海底沉管等几大部件构成。港珠澳大桥桥梁工程的用钢量达42万吨,足够建造60座埃菲尔铁塔,是在全球范围内首个如此大规模使用钢箱梁的工程。

大量的钢箱梁制造任务,仅凭人力几乎不可能完成,于是中铁山桥采用了智能制造的手段:像生产汽车零件一样,使用机器人焊接,流水线作业生产钢箱梁。中铁山桥开展了板单元自动化制造与焊接技术的研究,经过艰苦的自动化设备开发及产品调试,工艺上形成了一套以自动化、信息化、智能化为主要手段的板单元制造专业技术,解决了U形肋角焊缝焊接质量和稳定性差的难题,提高了钢箱梁板单元的制造质量,延长了桥梁的使用寿命,完全颠覆了传统以人工为主的生产模式。

还有个有趣的事情:中铁山桥为港珠澳大桥"系"上了一枚780吨重的"中国结"。 港珠澳大桥青州航道桥是港珠澳大桥跨度最大、主塔最高的通航孔桥,采用双塔双索面钢箱梁斜拉技术,两座索塔为H型框架塔。美丽的"中国结"就镶嵌在两个索塔之间,实现了功能与景观的完美统一,寓意着两岸三地"珠联璧合",是港珠澳大桥上最为醒目的标志,也是港珠澳大桥的点睛之笔。远远看,"中国结"不算大,但是数据出来很惊人,它的面积相当于半个足球场大,总重780吨,节段最大吊重达到250吨。而根据设计要求,结形撑安装高度偏差控制在2毫米,倾斜度允许偏差仅为1/4000。安装难度大、风险高,各项因素都不能出丝毫差错。可见,为大桥系上"中国结"也是一个高难度动作,这完全是依靠大胆挑战的勇气和百年积累的深厚功力。

参与港珠澳大桥的建设，既是"制造强国"战略的深入实践，同时也是落实习近平总书记"三个转变"重要指示的实际行动。这座世界最长的跨海大桥是中国走向造桥强国的标志。为了满足大桥120年使用寿命的要求，山桥率先研发了钢箱梁板单元机器人智能焊接系统，它完全颠覆了传统以人工为主的生产模式，这在国际上也是首次。中国桥梁制造质量标准被提升到了国际领先的水平，也为桥梁钢结构制造行业提供了创新的样本。

另对，中铁山桥还接到了不少国外的订单。2012年年底，山桥人通过艰苦的谈判，在纽约签订了美国纽约韦拉扎诺海峡大桥悬索跨的上层路面更换工程。韦拉扎诺海峡大桥建成于1964年，是当时全世界最长的悬索桥，横跨纽约著名的韦拉扎诺海峡，连接斯塔滕岛与布鲁克林。如此引人注目的工程，由一家中国企业来制造更换桥面正交异型板单元钢结构，一开始引起了一些美国人的质疑。然而山桥人用四年的时间，兑现了当初的承诺，通过了业主的验收，保质保量完成了五个批次的产品制造，得到了美国业主的充分肯定。美国《华尔街日报》也对此事进行了报道。来自美国全国钢铁桥梁联盟的比尔·麦克兰尼表示：中国人建造了很多种此类桥梁，因此他们更有发言权和优势。

图4-29　美国韦拉扎诺海峡大桥

图 4-30　孟加拉国帕德玛大桥合龙现场

2014 年，伴随着"一带一路"倡议的推进，山桥又中标了孟加拉国帕德玛大桥钢桁梁生产制造项目。帕德玛大桥是"一带一路"的重要交通支点工程，也是百年山桥冲出国门、迈向世界后，单笔中标最大的海外项目，全桥达 13 万吨。帕德玛大桥被当地居民亲切称为"梦想之桥"。在这座"梦想之桥"的制造中，山桥的焊接机器人再次大显身手。

参与修造三座大桥，书写了山桥走向世界、打造中国品牌的历程，也让中国桥梁人的梦想走向了世界。工业发展日新月异，百年光阴稍纵即逝。曾经的伟大变革已成追忆，但作用和意义却恢宏久远，影响至今。

5

道岔是一种铁路上的连接设备，在进出车站的轨道上大量铺设，列车借助它实现变轨，在铁路线路上起重要作用。山桥被誉为"中国道岔技术的开创者与引领者"。

山桥道岔经历了波澜壮阔的发展历史：1912 年制造出中国第一组铁路道岔；1963 年制造出中国第一根高锰钢辙叉，结束了中国使用万国道岔的历史；1970 年制造出中国第一批地铁道岔……2016 年 8 月 10 日，中铁山桥自主研发的现代有轨电车 60R2-6 号三开道岔成功下线，这是一种现代有轨电车道岔

图 4-31 京奉铁路山海关车站的铁路道岔

中结构最复杂、加工难度最大的道岔，几乎涵盖了此类产品所有的核心技术。这一技术不仅填补了我国在该领域的空白，也彻底打破了国外厂家对此类产品的技术垄断。中铁山桥独家生产的 62 号高速道岔，是迄今为止世界上长度最长、速度最高、结构最复杂、技术最先进的高速道岔，处于国际领先水平。中铁山桥自主研发的道岔平面设计软件、三维参数化设计系统等先进方法突破了传统模式，走在了世界前列；高速道岔综合试验平台建设，开创了世界道岔足尺综合试验、验证的先河。

可以说，百年来山桥研发了我国所有类型的铁路道岔，成功推动了我国铁路的每一次大提速。

山桥的道岔产品不仅引领着国内的行业进步，也时常给海外带来惊喜。2021 年 5 月，新华社报道说，中国研发制造的印度尼西亚雅万高铁道岔实现系统集成化出口。雅万高铁是中国与印度尼西亚合作建设的，全长 142.3 公里，是东南亚第一条设计时速高达 350 公里的高铁线路。传承民族工业血脉、打造中国制造品牌的中铁山桥，代表了中国高速道岔产品制造水平和高品质标志，在海外拥有极高口碑。这次他们参与雅万高铁的高速道岔研发技术，在整体线型以及细部结构设计上，体现了大量中国特色设计，大幅提升了道岔产品的使用性能以及使用寿命；制定了全新工艺路线，拟定了详细的工艺参数，设

图 4-32 世界最大号码高速道岔——时速 350 公里 62 号道岔

图 4-33 中铁山桥高铁道岔整系统出口

图 4-34 中铁山桥高铁道岔首次实现整系统出口仪式现场

计了专用刀具和工艺装备,实现所有轨件加工数控化、标准化,满足出口高速道岔的高平顺性、高舒适性、高寿命的要求。

代表中国制造,中铁山桥完成了我国高速道岔制造技术首次系统集成化走出国门的任务,具有重要意义。雅万高铁通车以后,会极大地方便沿线民众的出行,加快雅万经济走廊形成,促进印尼经济社会发展。就"一带一路"倡议的深入实施来说,中国将进一步与东盟深化合作,促进全球经济更高质量发展。

目前,中铁山桥制造的钢桥远销五大洲,是唯一一家钢桥产品覆盖五大洲的中国造桥企业,先后制造了著名的美国纽约韦拉扎诺海峡大桥、美国阿拉斯加铁路桥、挪威哈罗格兰德大桥、塞尔维亚大桥、摩洛哥穆罕默德六世大桥、帕德玛大桥等十余座海外钢桥。

第四章 国企的担当

6

所谓工业传奇，就是在工业进步的历程中，有很多惊人的偶遇。

2016 年，就在詹天佑雕像在山桥科技楼前落成时，山桥人又开始了京张高铁官厅水库特大桥的制造。岁月轮回，一个跨越百年、传承创新的故事，又在这同一片土地上再续新篇。

为了 2022 年北京冬季奥运会的胜利召开，这里建成了世界第一条采用北斗卫星导航系统、设计时速 350 公里的新京张智能高铁。与京张铁路时隔一百一十一年后，中国工业人正在打造当代工业传奇。

山桥人再度参与其中。中铁山桥副总工程师田智杰说："京张高铁是咱们国家打造的一条智能铁路，智能列车，智能的列控，体现了智能的技术。我们在生产过程中也采用了机器人，提升它的智能化水平。运用信息管理系统，提高我们的智能管理水平。通过这样的一些手段，提升我们智能京张的水平。"

一眼望穿历史，命运再次循环。今天的中铁山桥，业已成为世界顶级桥梁建造商。和业内同行们一起，于竞争与发展的反复淬炼中，向绿色智能化大步迈进。

图 4-35 京张高铁官厅水库特大桥

中国科技型企业的担当及创新实践

官厅水库，广阔的湖面上，一座绵延 9 公里的超长钢桥横跨而过。这是中铁山桥专为新京张智能高铁全力打造的官厅水库特大桥。由 8 个红色钢拱组成的钢铁之躯，完美承载时速 350 公里高速列车的巨大冲力。

山海关，中铁山桥数据中心。田智杰和研发团队，不断完善智慧系统，遥控 400 公里外的中国首座被智能制造赋予了生命特征的智能之桥。"桥梁产品全生命周期服务云平台"是国家 973 科研重点项目之一。桥梁从设计建造到应用过程的所有信息，包括材料、工艺、构建参数甚至气候变化，都以数据形式汇聚在系统中。系统通过算法对数据进行分析处理，精准测算出桥梁的生命周期，即使用年限。

这座官厅水库智能大桥，设计生命周期是 120 年。田智杰说："通过这样一个系统，不仅仅服务自身的生产制造，还服务整个项目的管理，从产业链上起到一个中台的作用，把相关的其他一些专业系统集成上来，能为生产施工过程提供很好的一个支撑。"

历史如同一扇开启的门，连接新旧两条京张铁路，见证着中国民族工业从"制造"到"智造"的传奇，也见证着中国民族工业的百年传承与迭代，终可以奔向理想与未来。

历经七十年的追赶，中国已经有能力和自信，与世界工业强国一起面对无限潜力的未来。而未来，来自过去，也来自心怀激荡的我们。

看中铁山桥，让我们穿越百年历史，找寻民族工业的脚步，让我们联系祖国山河，发掘民族工业与国家振兴的紧密联系。无论从历史纵线，还是从横向链接，都让我们从经纬坐标中对山桥定位——在中国民族工业的百年历程中，从"工业救国"到"工业兴国"再到"工业强国"，每一段时光的记忆里，都有你，中铁山桥。

工业百年，信仰如炬！

第五章

民企
的
演进

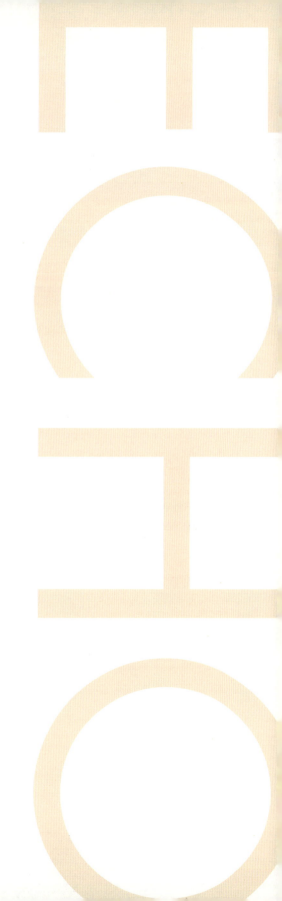

有他们参加的高质量发展充满了活力

金风科技：从高山到大海，穿越半个地球来追风

五谷之歌：从河姆渡文明中找到创新灵感的企业赞歌

台州机床集群：从辽阔海洋中获取"抱团"的成长奥秘

他强由他强，清风拂山岗——中外企业游历见闻

与改革开放同步,中国民营经济迅速崛起,
时至今日,已经成长为中国国民经济增长的主要推动力之一。

"民营企业"一词,
首次出现于 1995 年 5 月《中共中央国务院关于加速科学技术进步的决定》这一文件中。
自有资金、自主经营,
这四十多年,伴随市场竞争的压力与自身建设的努力一路走来,
民营企业家们饱经风霜、风雨无阻。

对于民企发展,习近平总书记关怀备至,
他讲,民营经济是"推动我国发展不可或缺的力量",民营企业家是自己人。
直面"市场的冰山、融资的高山、转型的火山"三大问题,
国家为民营企业营造更好的发展环境。
改革创新,同样支持民营企业走向更广阔的舞台。

本章所呈现的民营企业,各具特色,有他们参加的高质量发展充满了活力。

第五章 民企的演进

有他们参加的高质量发展充满了活力

他们是在全球市场夹缝中活下来的民营企业家们,宛如石头夹缝中的小草,没有大树强壮,没有花儿娇艳。他们时刻处于危机状态,不敢放纵自己,否则前功尽弃。

都说民营企业存活率低,要素资源制约日益趋紧,土地、原材料、能源、环境等成本正在不断提高,中小企业负担较重的问题依然突出……民营企业家不容易。

1

说到民营企业、中小企业,需要提一提德国的中小企业。德国中小企业众多,而且这些中小企业基本上都是家族企业,绝大多数都不是上市企业,产品和业务聚焦于利基市场,多为世界领先的产品,既不做多元化扩张,也不太热衷于跨国发展,很多都是乡镇企业,员工多采用终身雇佣制。这些企业的员工大多是当地居民,终身雇佣制不仅保障员工,也保障了员工的后代,一家几代人在一家企业工作的情况非常普遍,企业人员流动率低。

往往,每到一家德国企业,他们首先会播放企业宣传片,推介自己的企业。有一家企业的宣传片让人印象深刻,一出现的场景就是冰天雪地,几个孩子在雪地里烧开水,解说词提到:这家企业在二战的艰苦环境下,为了生存,开始做金属加工,并一步步发展起来。看完影片,参观者们沉默了,被带入到历史当中。这是一种共鸣吧。

不仅仅是中国民企,世界上哪一个成功的企业容易呢?

工业进步没有捷径,必须脚踏实地一步一步地看好走稳。

中国科技型企业的担当及创新实践

2017年，在天津的一个智能制造论坛上，来了一批民营企业家。他们倾听国内外专家讲述智能制造的课程间隙，聊得最多的却是传统话题。

一位来自大连的女民营企业家说，她最关心的是企业的传承问题，她讲孩子从国外留学回来以后，想自立门户，她不知道自己辛苦经营了一二十年的家族企业该交给谁。

还有一位是职业经理人，他有些苦恼，因为他的身份很尴尬——他是民企家族的一员，代表董事长管理企业，但是企业里家族血缘关系的亲友众多，并不看重他，他不知道自己是进是退。他形容自己好像逐浪的小鱼，浪头打高的时候他就逐浪，浪头降落的时刻，他就转身离开再寻找浪头。他说，其实这样并不是长久之计。

从一个侧面，其实也反映了中国民营企业发展过程中的一些内部阻碍。这也是一个发展的难点。

2

有相当一批民营企业，他们的业绩可圈可点。例如，江阴双良、无锡航亚，这几家企业与刚起步时比，已经不可同日而语。更惊喜的变化在于，10年前，企业可能更多谈到自身的发展，而今天，无论是追寻工业4.0脚步的企业，还是发愁百年长青的企业，他们都有一个共同的特点，就是把企业的发展，放进了国家的大发展之中，家国情怀深沉。

这说明，民营企业转型升级已经进入新的阶段。民营企业在走过转型升级的困惑期、摸索期和阵痛期之后，发展思路更加清晰，已经聚焦到打造核心竞争能力、实现高质量发展上来。

形势好的时候有不好的企业，形势不好的时候也有好的企业，关键看企业的核心竞争能力，变化中总是蕴藏着机遇。唯有企业家的信心是真正的"压舱石"。

第五章 民企的演进

3

　　民营经济是我国经济制度的内在要素，是推动社会主义市场经济发展的重要力量，是推动高质量发展的重要主体。新时代的民营经济应如何实现高质量发展？社会各界都在献计出策。

　　首先，民营经济实现高质量发展，离不开政府的引导、支持和推动。2018年11月1日，习近平总书记在民营企业座谈会上指出，在我国经济发展进程中，我们要不断为民营经济创造更好的发展环境，帮助民营经济解决发展中的困难，支持民营企业改革发展，变压力为动力，让民营经济创新源泉充分涌流，让民营经济创造活力充分迸发。

　　该如何激发民营经济的内在活力？实际上，民营企业的持续发展，最需要的是公平公正的市场环境。一位从事机床行业的民企负责人讲："我们一方面要和国企竞争，另一方面要和外企竞争，夹在中间很不容易，两面都比我们强大。"因此，政府应为企业积极创造一个平等竞争的环境，让竞争的因子充分爆发出来。这一点上，台州机床集群呈现出了政府与企业的联动，创造了"台州模式"可以借鉴。

　　当前，我国民营经济的发展在经受来自外部环境变化带来的压力的同时，也面临着来自国内经济的诸多挑战。有些民营企业面临着经营粗放、负债率高等问题，在环保、社保、质量、信用等方面存在发展困境。进入新时代，经济发展从原来的单纯追求数量增长向高质量增长转变，即从原来的"长身体"变成了现在的"强身健体"。很多小微企业是在粗放式的环境中发展起来的，原来可以模仿、拥有后发优势，现在应该与时俱进，不少企业在规模、质量上仍然存在着亟待提高的空间。

　　另外，企业自身要加强锻炼，尤其是需要向高质量发展转变。2018年，习近平总书记在考察广东时强调，"实现中华民族伟大复兴宏伟目标时不我待，要有志气和骨气加快增强自主创新能力和实力，努力实现关键核心技术自主可控，把创新发展主动权牢牢掌握在自己手中"。

是否具有真正的创新力和竞争力，是考验很多企业能否在"大浪淘沙"般的市场竞争中存活下来的根本决定性因素。民营企业应充分认识、理解新时代高质量发展的要义。

4

目前，我国GDP中有民营经济的重要贡献。让民营企业有信心、有目标、有方向，稳定健康地发展，不仅是提高国人生活幸福感的重要途径，而且是实现经济高质量发展的关键因素之一。

然而，最近几年民营企业经营遇到的各种困难也不少。市场的困局、融资的困难和转型的困惑，困扰着民营企业家们。

习近平总书记在民营企业座谈会上也对此有深入的阐述：一是国际经济环境变化的结果；二是我国经济由高速增长阶段转向高质量发展阶段的结果；三是政策落实不到位的结果。他同时指出，也有企业自身的原因。"一部分民营企业经营比较粗放，热衷于铺摊子、上规模，负债过高，在环保、社保、质量、安全、信用等方面存在不规范、不稳健甚至不合规合法的问题，在加强监管执法的背景下必然会面临很大压力。"应该承认，当前一些民营经济遇到的困难是现实的，甚至相当严峻，必须高度重视。同时，也要认识到，这些困难是发展中的困难、前进中的问题、成长中的烦恼，一定能在发展中得到解决。

广东省、福建省、浙江省等作为改革开放的先行地和排头兵，民营经济取得了令人瞩目的成绩。在我国已进入经济转型升级和新旧动能转换的关键时期，各地经济也处于调结构、促转型的重要转折点，民营企业已成为转变经济发展模式的主力军之一。

为他们加油，因为有他们参加的高质量发展充满了活力。

第五章　民企的演进

金风科技：从高山到大海，穿越半个地球来追风

北京亦庄，金风科技的可再生能源"碳中和"园区门口，人来人往，好不热闹，其中不乏外国人的面孔。他们大部分是来北京和金风洽谈业务的。没有想到，这家新兴环保企业的"外交"竟然如此活跃。那么，一拨拨的人寻访至此，究竟是被金风的什么魅力所深深吸引的呢？

1

6月的江苏大丰还不冷不热，在近海的大丰经济开发区，一支长约75米的叶片在测试台上已经摆好了架势等待接受检测。海上风电的庞大规模和构成体系，乃是人类科技创新诸多成果的大集成，它的博大与深奥，远远超越了普通人的想象。

与金风科技一墙之隔的是中国中车的大丰工厂。与这样一家创新领航的标志企业相邻为伴，更是激发了金风科技创造创新的灵感。金风科技海上业务单元副总经理陈小海操着一口西北口音，带着参观者转车间、看测试平台、进新厂房，加快的语速、脱口而出的金句，让大家感受到，他本人就处于创业的亢奋之中。他说，我们是从新疆来的，我们奔往大海，没有想到，大海给我们上了刻骨难忘的一课。

达坂城，是金风科技梦想开始的地方。1986年，达坂城风电场列入中丹合作计划，利用丹麦政府的赠款、无息贷款，达坂城风电场正式建立，并成为当时亚洲最大的风电场。此时，新疆风电人已经心怀"大风电"的宏伟愿景，无论是"风能——戈壁曙光"画作的美好愿望，还是经营早期上网电价低于运营成本的艰难（1989年定为每千瓦时0.057元，不足提取折旧及还债），都

中国科技型企业的担当及创新实践

折射出这批天山儿女的初心,他们为追寻陆地风电付出了艰辛努力。创业者们不得不依靠多种经营,以维持达坂城风电场的运营负担。一直到上网电价提高到每千瓦时 0.18 元,再到每千瓦时 0.48 元,达坂城风电场才逐渐获得发展所需的经济基础。

跟随金风科技一路成长的一位署名韩华锐的创业员工,在百度贴吧上贴出回忆文章《变风为金——致金风,感恩生如夏花的十年!》,在回忆创业初期的经历时,他写道:"那时工作虽早出晚归吃饭没点,大冬天的有时能在机舱待到凌晨一两点,但好吃好玩好看的都在身边,自我成长又快,何乐而不为?所有的一切,正如 2018 年在成立 20 周年时发放的纪念贺卡'梦起达坂城'一样,达坂城带给我的都是美好回忆。"

创业十年后,1997—2000 年间,新疆新风科工贸有限责任公司(金风科技前身,下称"新风科工贸")承担了 600 千瓦风机国产化研发项目,这也是国家"九五"科技攻关项目,是关乎公司生死存亡的项目。新风科工贸抓住了这次机会,并且圆满完成,这让企业陡然升了几个级别。这个项目,对于今天的金风科技来说,也是重要的一步。非死即生,如果没有这个项目的成功,金风科技今天的"大风电"梦想就只能局限一隅。

2001 年,新风科工贸整体变更设立为新疆金风科技股份有限公司,开始从科研向市场转型,实现销售零的突破。

2004 年 3 月,金风科技在广东惠来风电特许权项目竞标中战胜 GE、三菱

图 5-1 插满风机的新疆达坂城风电场

重工等对手，赢得全部10万千瓦装机的设备供货合同。2002年9月建成投产的金风科技新疆总装基地仅有年产200台600千瓦风电机组的设计产能，而广东惠来项目单笔采购就是167台600千瓦风电机组，能让金风科技新疆总部"一口吃成个胖子"。赢得该项目，使已经具有72%以上机组国产化率的金风科技在国产风机规模化的道路上获得领先优势，也正是因为金风科技一直坚持不断提高风机国产化水平，才能在机会来临时脱颖而出。

从天山到了南方近海，距离大海只差一步。在咸湿的海风中嗅到了市场的信号，金风科技决定挑战大海。2007年，金风科技与中海油合作的中国第一台海上风机在渤海湾投入运行，这也是中国海上风电的开端。陈小海参与了这次实验。

尽管从大山来到大海边，海拔一路直降，但遇到的困难却逐渐加大。中海油提供了一座废弃的石油井架作为基础，金风科技在此架设起了由陆上机组改造而成的中国第一台"海上风机"，功率仅为1500千瓦。经过五年的测试，科技人员从渤海湾撤回风车样机，将其分拆，送往各地检测中心，进行数据收集和分析。这样，中国海上风电企业获得了第一手科研资料。

从0到1的起步，刻骨难忘。十年之后，这些完成数据回收的风机零散部件被收藏进金风科技的展览馆，陈小海看到它们的时候，泪水凝聚，嗓音哽咽。作为全程参与中国第一台海上风电样机测试的亲历者，他对这些残片如数家珍。

图5-2 金风科技在渤海湾安装了国内第一台海上风力发电机组

中国科技型企业的担当及创新实践

"我们在陆地上很强,我们也想象到了大海的威力,但是真正把一架风机机组放在海湾里的时候,才真正感受到人类对未知能量的畏惧",敬畏让每个参与实验的工作者开始重新认知大海。在渤海湾实验基础上创新研发,用十年时间,经历快速的技术迭代与升级,中国正式开启了海上风电大容量机型时代。

从1到N的飞跃,乘风破浪。随后,金风科技于2010年,在江苏吊装2.5兆瓦海上风机;2011年,中标50兆瓦如东潮间带项目;2012年,完成两个50兆瓦如东潮间带风电场工程;2013年,完成6兆瓦海上机组吊装;2016年,完成首个近海海上项目吊装;2017年,发布新一代海上大兆瓦产品——GW6.X平台及整体解决方案……

描述到这段历史,署名韩华锐的网友在贴吧上用欢快的语气如此写道:

"2010年的金风是满天飞的时刻,戏谑地讲那会每天都有金风人在天空飞翔,不是有人在去机场的路上,就是拖着行李走在离开机场的路上。我自己深有体会,因为全国项目继续井喷式开展,项目建设吊装调试人员都是快速调动,而且那会国内各片区还没有开始落实员工属地化的模式,所以基本每个片区待的人员依然绝大多数都是外省人员,是非常有活力、有新鲜感的流动。"他甚至难以置信,"这是工作吗?是!但我更觉得是美好工作赋予的一种宝贵体验,它完完全全、彻彻底底地就是为我这种曾经桀骜不驯喜欢挑战新事物的人量身打造的。"

正如他的描述,在国家政策的指导下、在市场规律的驱使下,中国有一大批青年人,加盟海上风电产业链条上各个环节的新兴企业,激情澎湃地迎接前所未有的挑战。

金风的十年海上风电路,也是中国海上风电发展的缩影。

2

福建三峡海上风电国际产业园如今已成为全国首个"碳中和"工业园区。

这个园区总投资约 40 亿元，占地 1000 亩，是按照国际化的百亿级风电产业园的标准修建的。两年前，这里已经卧虎藏龙，中车电机、中国水电四局、东方电气、LM 叶片等知名企业、配套商聚会于此，同台飙技。当时，金风科技也在这里安置了生产基地，8 兆瓦风机正在紧锣密鼓地生产建设中。

产业园靠近福清兴化湾，这里过去是福建福清人的海田，从 2000 年开始前瞻性开发以来，人们发现了这里丰富的海风资源。福建省是国内近海海平面 70 米高度年平均风速最大的省份，风电可利用时长达 3500 小时。2017 年，福建已规划建设包括福州、漳州、莆田、宁德和平潭所辖海域的 17 个风电场，总规模达 1330 万千瓦。

而整个中国东部沿海，是中国经济发展最快的地区之一，同时能源供应压力巨大。海上风电能够为这一地区提供有效的能源补充。所以，东南沿海地区都争先恐后建设海上风电产业。

海风资源的有效利用和科技能力的提升，促进了中国大风机时代的到来。自 2014 年世界上第一台 8 兆瓦风电机组正式投入测试使用以来，部分地区的海上风电正式进入 8 兆瓦时代。中国海上风电产业链较国外发展有四到五年的差距，一直处于加速追赶状态。工程师们希望通过 8 兆瓦风机的样机安装调试，获取数据，实现跨越式发展，并继续向更高功率的风机发起挑战。

在金风科技车间，总工李晓贺讲解了金风科技 8 兆瓦风机现场组装的情况。他的工作是和电气工程师、机械工程师们一起在现场负责机舱、叶轮、发

图 5-3　金风科技拥有自主知识产权的
GW175-8 兆瓦海上风电机组

电机三大部件的拼接工序。他们的主要任务就是优化总装周期。在以前，单台套生产周期是 17 天，李晓贺要将生产周期压缩到 11~13 天，这样工作成本将会极大降低。

在金风科技车间，满是中国风电领域的新生面孔。这些年轻人快速成长，为技术创新献力献策，扛起了海上风电大旗。同一个产业园里，国外风电巨头研发的 8 兆瓦风机平台，与中国同行铆着一股劲。所以他们丝毫不敢松气。

实际上，为了抓住与国际同行同台飙技的机会，金风科技早早就着手准备。可能你在这家公司的官方资料中少见这方面的描述，但是韩华锐在百度贴吧贴出的回忆文章还是向我们展示了金风科技紧追世界海洋风电步伐的一个横切面。"自 2009 年，客服系统就开始发起了学习英语的活动。"整个企业的员工，活跃在一种向全球发起冲锋的氛围和精神中。

3

自从 2008 年 11 月，6 台 750 千瓦金风机组发运古巴，实现国外销售零的突破以来，金风科技每年向全球出口持续不断，美国、埃塞俄比亚、罗马尼亚、澳大利亚、巴基斯坦等国家的风电场项目都有金风科技的身影。

这段时间的金风科技风头矫健、全球遍地开花。追本溯源，从某种意义上讲，这是他们已经充分掌握了世界先进技术之后带来的连锁反应。

当然，收购 Vensys 功不可没。2002 年，金风科技承担了国家"863"计划项目"兆瓦级失速型风力发电机组及其关键部件研制"，并于当年通过科技部阶段评审，继续承担该项目 2003 年度任务。在随后的兆瓦级主动失速风电机组的研发中，金风科研团队发现机组笨重，难以满足市场需求等问题。秉着市场、客户优先的原则，金风团队与科技部专家组协商，将研发合同修改为永磁直驱兆瓦级机组研发。由此，金风科技开始与德国 Vensys 联合设计和开发 1.2 兆瓦直驱永磁机组。与 Vensys 的合作大大加快了金风开发兆

第五章　民企的演进

图 5-4　金风科技风机出口至埃塞俄比亚

图 5-5　金风科技为澳大利亚新南威尔士地区的 Gullen Range 风电场提供风机

瓦级直驱永磁机组的速度，包括联合研发 1.5 兆瓦和 2.5 兆瓦机组。公司在与 Vensys 的合作中也不断提高了兆瓦级机组的国产化比例。为了一劳永逸地解决自主知识产权等问题，在 2007 年深交所上市筹得发展资金后，金风科技于 2008 年成功收购 Vensys，成为国内第一家具备完全自主研发设计生产能力和自主知识产权的风电整机制造商，为进入国际市场创造了条件，也初步构建了公司研发的全球布局。

4

　　金风科技的简介中有一句话写得精彩："自成立至今，金风科技亲历并见证中国可再生能源事业蓬勃发展，并以全面深度的国际化能力根植全球市场。"

　　中国正在进行一场波浪壮阔的能源改革。遵循开放的市场价值规律，实现可持续发展，从风电大国向风电强国转变，是中国发展绿色环保事业的愿望。

　　中国海上风电工程团队为了适应国家政策调整要求，让风电行业符合市场经济的发展规律，科研人员正以强大的落地执行能力，不断利用技术创新降本增效，这样才能让已经步入关键发展时期的新能源行业，得到长足发展，老百姓得到更加实惠的电价。预计到 2025 年，国内海上风电每度电的成本有望下

中国科技型企业的担当及创新实践

降 40% 以上。

从高山奔向大海，从中国走向世界，金风科技的科技创新故事占满 20 多年企业发展历程。当今中国海上风电仍处于起步阶段，面临着政策风险、成本控制、技术和运维困难等诸多问题。中国风电要成为大国重器的标签，必须直面种种难题。

中国风电人几乎都有一个相同的梦想，就是去北海。此北海非北京北海公园，也非广西北海，而是西欧北海。这片海洋，是世界上风能资源最丰富的地区，也是全球风电行业的技术标杆样板地区，荷兰、挪威、瑞典、爱尔兰、丹麦、比利时、法国、德国和卢森堡等国都在北海有项目。去北海看全世界最强的技术创新，向世界虚心学习——金风科技，从高山到大海，穿越半个地球来追风，为人类清洁能源的获得而不懈奋斗、迎风而立。

海上风电不是一个简单的行业，也不是一蹴而就的事业，必须加强企业与企业、国家与国家的合作。这也是一个命运共同体。

不仅仅是风电人，这个命运共同体里面也有每一个普通人。

在金风科技海上风电培训中心，有一项特殊的培训。在一方 5 米深的培训水池，配备了完善的造浪和天气模拟系统，以及先进的个人安全装备，讲师为学习者展示：在风机着火情况下，人员在穿着救生衣之时，如何正确从机组上跳水；在有同伴的情况下，如何使用专业的求助姿势进行呼救；在等待救援时，如何应对体温急速下降，如何配合救援船舶进行自救与他救……规范化操作是培训的重点。在台风发生的重点时期，这样的培训至关重要。

任何科学创新，都离不开人的主观创造性。中国科技创新型企业、中国科技创新型人才，都在向同一个目标努力，因为"工业强国"的目标需要我们共同支撑、共同关心、共同奋斗。

风来了！让大风更猛烈些，一起接受风的挑战吧！

五谷之歌：从河姆渡文明中找到创新灵感的企业赞歌

浙江余姚有座河姆渡文化遗址，遗址附近有一个叫五谷的企业，五谷企业的创始人叫黄和钦。你任何时候看到他，他都是面带微笑，仿佛永远不会有困难难倒他；他每天读书读报看新闻，紧跟国家发展形势。中国工业界反映工业文化的纪录片《工业铸魂》播出时，里面有讲到五谷等企业创新创业的故事，黄和钦在黑板上写了观看通知，号召全厂职工"必须看"。

冥冥之中，40多年前，在黄和钦开始他的创业旅程的时候，他给企业取名"五谷"。很多时候，不了解内情、也不知晓工业文化内涵的人，会觉得"五谷"这个名字起得好简单，念起来发音也不是那么响亮，到底怎么想到要起这么个名字？但是如果你了解余姚、知道此地有河姆渡，还能懂得"五谷"这两个字在中国人的心坎上有多么重要，你就会觉得这家企业从一开始创业就拥有了深厚的中国传统文化因子，这为今天这家企业的可持续发展、高质量发展提供了源发动力，实在不简单。

1

"五谷"是什么呢？

《论语》有云"四体不勤，五谷不分"。四体指人的两手两足，五谷通常指稻、黍、稷、麦、菽。这句话说，不参加劳动，不能辨别五谷。

考古人员在河姆渡遗址发现了120吨人工栽培的谷物，这些粮食主要由籼米和粳稻组成，这充分说明我们的祖先早在7000年前就开始用稻谷做主食了。而且在《史记·夏本纪》中，就有在黄河中下游种植水稻的记载。可见，中国野生稻被驯化成为栽培稻由来已久。

中国科技型企业的担当及创新实践

五谷的灵感其实就汲取自近在余姚人身畔的"河姆渡"文化的代表因素。7000年前,中国人的老祖先已经在研究吃什么好了,而且在新石器时代,聪慧的古人还发现用蒸汽煮熟的饭,颗粒饱满,粒粒分开,于是"蒸饭"出现了。与如今的蒸饭不同,远古的蒸饭要先在一种名叫"陶釜"的锅里煮一下。

锅离不了饭,饭也离不开锅。时至今日,中国人也都在意厨具的先进性和文化性。我们每天忙忙碌碌,不就是为了吃顿可口温馨的饭食吗?

炊(厨)具、灯具、玩具、工具、文具,浙江宁波今天已经创造出五大带"具"的产业链条,这是"浙江制造"灿若群星的民营企业几十年如一日深耕细作的神来之笔。

图 5-6 五谷产品经过了 NSF 认证

五谷是炊(厨)具链条中的领先者和样板,所生产的炊(厨)具远销欧美。而且,河姆渡文化的深意也随着厨具产品漂洋过海,一起为中国品牌树立国际形象。

2

最初进入广交会时,因为经济实力不足,黄和钦没有自己独立的经营摊位,他常常带着自己的厨具产品,借助浙江、上海、北京、哈尔滨等地轻工局的摊位,以轻工业产品的名义为出口站台。

浙江宁波是中国乡镇企业的发源地。正是依靠广交会的窗口,乡镇企业迅速发展,并经过四十多年的努力,形成了中国民间庞大的出口阵营。

从没有摊位,到拥有自己独享的阵势浩大的展位;从几十块钱的小商品到上千万的大单,黄和钦的厨具产品瞄向欧美,最终成为世界餐桌不可缺少的一份子。

第五章　民企的演进

黄和钦创业的每一步都踩到了点上，这与他时刻关心国家大事关系密切。

1997年，中国正在为加入WTO做准备的时候，他每天都看报纸、查消息。"民营企业可以申请自营出口权，所以我们得到这个信息后，马上就向宁波外经贸委申请，然后花了三个月到六个月的时间得到批准，我们是第一批拿到进出口权的民营企业。"

也是从那个时候，五谷就已经开始执行欧美生产标准了。五谷并不做代工，而是长期坚持积累自己的民族品牌口碑。

充分利用广交会这个联通世界的舞台，从2008年到2018年十年之间，黄和钦一直大力宣推"五谷中国造"，铸造了厨具的国际口碑。

2014年，习近平总书记作出"三个转变"的重要指示，他一条条对照下来，确定了五谷未来的发展方向，也更坚定了五谷的民族品牌信念。

中国人创业，第一步是为了家庭富裕，但紧随着创业的成功，先富裕起来的人们总会带动他们身边的人、身边的企业再发展，蝴蝶效应不断扩大。

因为亲历改革开放，走过每一步，黄和钦都深有感触："国家推动了我们东南沿海的民营企业出口的壮大，这个就是最好的一个案例。我们宁波地区的一些大工厂，就好比是一个大学，培养了不少新的企业家，他们在我们这些工厂干几年，一领到'毕业证'就走掉了，自己创业去了。我们五谷也孵化了好多小厂长，我们余姚大概有二十几家的小厂长都是我们五谷'孵化'出去的。"

眼下，宁波数万乡镇企业组成的"工具、灯具、玩具、文具和厨具"五大产业链条，不断搅动创新链条向前滚动。而黄和钦，也依然奋斗在一线，以他超前的意识在为家族企业开拓新的产品领域。

在他创业初期，中国老百姓最重要的是解决温饱问题；时间走到今天，老百姓的餐桌则更多地关注食品安全和健康问题；再加上外卖行业的蓬勃发展，各地快餐店也发展迅猛，食物从快餐店送到餐桌上的路途当中，更需要解决食物的保温问题。

于是，在儿子们的建议下，黄和钦早早地就涉足食品安全领域，研发能够

保证食物在运输过程中的保温技术。

这也是黄和钦自1981年开始创业以来的又一次转型。他围绕市场变化，早早就着手做科研准备。

在研究中他们发现，食物只要保持在60℃以上的温度，就不会变质，不会产生霉菌。于是，外引内联，黄和钦和儿子们研发出了新材料制作的食品保温箱，解决了食品保温问题，还解决了食品在运输过程中营养流失的问题。

3

眼下，黄和钦依然干劲十足，而他的两个儿子在子承父业的过程中，不仅继承了事业接力棒，还将父亲创业的初心牢记心间。而他们仅仅是浙江宁波产业链中的一个缩影。

每一代人都有每一代人的使命。在他们看来，接过父亲传承的家族事业，责任更重，他们要面对的最主要的问题是如何高质量地发展，更好地为人民美好生活服务。

现在，看到儿子们比自己想法更多更好，黄和钦很是满足。他每天必须要做的两件事就是去工厂走一走、看一看，然后他就躲进五谷文化馆，整理最新积累的物件。每当有参观者慕名而来，他就意气风发地充当起解说员，声情并茂地给他们讲述中国乡镇企业的成长故事。

黄和钦常说："改革开放四十年，好比是大浪，我们五谷呢，就是改革开放大浪中的一滴水，很小，但是这些历史资料保存下来，就是要把工业文化传承下去，下一代影响再下一代，我认为很有意义。"而从另一个角度，我们看到的是中国民营经济的希望之火，是一代代企业家永不熄灭的工业热忱和家国情怀。他们在续写中国企业界一贯秉持的优良工业文化传统，使"中国制造"向"中国创造"、"中国速度"向"中国质量"、"中国产品"向"中国品牌"迈进的步伐更坚实。

4

今年,五谷工厂有了一首厂歌《五谷之歌》。歌词很简单,唱出了第一代改革创业者的心声,继续激励新一代创业者持续创新、勇往直前。

中国真正进入工业时代的时间非常短暂,迄今为止只有 70 多年。一路走来,工业文化日积月累,让我们越来越自信。

当你灰心失望时,推荐你到浙江宁波去伴随改革开放成长起来的企业看一看。如果你遇到和黄和钦一样的当地人,他们一定会热情地推荐你去看河姆渡,会采摘当地鲜美的水果给你品尝,会在车间里向你津津乐道他的产品,也许还会带你走进又一个文化馆。这里的企业家,永远充满活力,永远坚定不移地跟党走,永远第一个以实际行动践行"三个转变"的落地,永远将家国情怀付诸积极的正向行动。

台州机床集群:从辽阔海洋中获取"抱团"的成长奥秘

早就听闻有个大名鼎鼎的"台州模式"——得益于水泵与电机、汽车与摩托车零配件加工的雄厚产业技术基础,政府支持、企业发力,台州机床工具行业本着一颗向全球顶尖机床企业学习的决心,从零星的小作坊起步发展成为如今拥有 2000 多家企业的机床产业集群。如今在台州,机床产业群雄并立,温岭、玉环、路桥等都根据自身条件,形成了极具地方特色的机床产业发展模式。

台州模式有个亮点是"群聚效应"。每一位企业家都是兄弟,都在为祖国的机床事业的提升不断倒逼自己和企业进步。

这让人联想起了海洋里的鱼群。据不完全统计,世界上有记载的 2 万多种鱼类中,有 25% 的鱼类会一直集体行动,这是为了降低被捕杀的概率,为

了更好地生存下去。同时，从动力学来看，一群鱼游泳会降低个体鱼的体能消耗，这和大雁集体飞行是同一个道理。

专家提点 | **张柏春** 中国科学院自然科学史研究所研究员，
南开大学科学技术史研究中心主任

当许多国家还满足于电子管技术的时候，日本率先加快半导体技术的产业化。在政府的协调推动下，日本的产学研相互配合、结成联盟，把半导体工业发展了起来。

民国时期，上海机电行业的一些小企业互相合作，使彼此的产品相互匹配，并针对中国用户的使用条件，设计制造产品，在与外商产品的竞争中取得了良好效果。也就是说，小企业抱团，合作互补，一起赚钱。中国企业不应该满足于各自啃硬骨头，而要协同配合，形成一个体系，集成做大事。

1

台州机床装备从无到有，从维修二手机床开始，从"个体户""小作坊"起步，凭着民营经济机制体制灵活、市场敏感度高、创业创新能力强等特点，不断发展壮大。

20世纪90年代中期，台州主要以生产经济型数控机床为主，主要生产技术含量低的经济型数控机床和简易型仪表机床，市场竞争激烈，同质化严重。在多年摸索下，台州产业形成了一套道路明晰、多方协作的发展模式，发展形成了多门类的机床工具行业，逐步实现了从生产单一的简单仪表车床向生产多品种、多机种、多功能机床转变，从生产简易型通用车床向经济型数控车床和中高端数控机床转变，涌现了一批如海德曼、北平机床、杰克机床、东部数控、大众精机、浙江双正等一批民营机床制造企业，也出现了能创造人均利税60万元，人均产值200万元的优秀机床装备企业。

第五章　民企的演进

伴随着台州民营经济的蓬勃发展，台州机床产业从小到大、由弱变强、由台州走向全国，并参与全球智能制造的竞争与合作，成为推动台州制造业高质量发展的重要力量。特别是2002年以后，在"八八战略"的指引下，在"再创民营经济发展的新辉煌"的嘱托下，台州机床装备制造凭借民营经济的发展活力，立足于台州的机械制造业，以市场需求为导向，以开放创新为动力，政府有为、市场有效、企业有力，逐步树立区域品牌，在全国各地的机床产业聚集地中脱颖而出。

目前台州机床工具产业从零星的小作坊发展成有2000多家企业的产业集群，并形成了以温岭机床工具、玉环经济型数控机床产业集群和椒江、黄岩、路桥三区机床附件产业集群为特色的产业格局，其中温岭被誉为"中国工具名城""机械工业高质量创新发展产业集聚区"；玉环是全国少有的中小型数控机床产业聚集区，被誉为"中国经济型数控车床之都""中国小型'专特精'机床生产基地"。目前，这两个产业集群已为中船、中核、中航工业、中车等国防军工和国民经济重要企业提供了大量替代进口的高质量机床。

近五年，台州机床工具企业工业总产值从100亿元增长到500亿元，产值翻了两番多。另外，海德曼成功在科创板上市，也充分体现了资本市场对装备行业的认可，为台州机床工具行业利用资本市场力量做大做强树立榜样，同时也是对机床装备行业"台州模式"的认可。

2

在温岭，每家机床企业，都各具特色。

海德曼机床、东部数控等公司的企业管理者质朴热情，对待事业兢兢业业，更重要的是他们身上有一种冲劲，还有一种产业报国、实业报国的家国情怀。

北平机床比较独特，走进前厅，恍惚间，给人一种走进了欧洲公司的感觉。创始人、董事长虞荣华温润如玉，低调似水。

中国科技型企业的担当及创新实践

图 5-7　海德曼机床车间鸟瞰

图 5-8　东部数控外景

去机床企业调研，一般看到的就是生冷的场景，而在这里，你会感受到浪漫和艺术的气息，是一种可以捧一杯红酒去欣赏机床的感觉。最高级别的机床应该就是艺术品。它是分享，是开放。

在工作室，有几位来中国读书然后留下来工作的外籍年轻员工，可见其全球化的路径、国际化的范儿。

"我们有一种模式上比较创新的做法，我们的技术负责人是德国人，他一年中大概有三分之二以上的时间在中国，在温岭和上海"，2019 年，水平机床在德国斯图加特设立分公司，聘请德国高端技术人才入驻，打造顶尖的技术研发中心。作为北平机床国际化发展的重要支点，它辐射包含德国在内的欧洲地区，提供销售和技术服务。实际上，北平机床在德国的技术团队还有好几个，销售、设计、软件开发都在德国和瑞士，"我们希望通过这种国际化的合作让我们的技术跟欧洲保持同步发展"，这样的同步发展，为包含德国在内的欧洲地区，提供销售和技术服务。

如今，五轴数控工具磨床等高端智能设备已经成为北平机床的旗舰产品，出现在全球各知名生产企业里。北平机床也成为德国的注册品牌，在中德两国间，迎来更广阔的商机。

在温岭，所有的机床企业都会反复跟来访者强调一个关键词：科技创新。科技创新是台州机床发展的强劲动力，台州机床企业经过多年的市场磨练，通过加大创新投入，注重自主研发，已经从被动地应付市场变化，逐步转向主动顺应变化，大量申请专利保护自主知识产权。台州市鼓励龙头骨干企业积极参与国家科技重大专项，对标国内、国际前沿水平进行技术攻关，开展高端数控机床等高端装备研发，推动行业智能化转型、数字化提升。截至目前，仅温岭机床装备行业内就拥有国家高新技术企业 28 家，省级企业技术中心 6 家，省首台套、优秀工业新产品（新技术）、"浙江制造精品"等项目 25 个，发明专利 100 余项。其中，北平机床的"高档数控机床与基础制造装备"列入国家科技重大专项示范项目，其开发生产的五轴数控工具磨床、八轴五联动外圆磨床，作为中国机床工具行业的展示机床参加德国汉诺威国际机床展、芝加哥 IMTS 等国际展会。

台州多家机床装备企业连续多年获得"春燕奖""质量十佳产品""自主创新十佳"等奖项。台州机床行业已能为航天、航空、兵器等军工企业提供部分专用装备、替代部分国外垄断高端产品，其中螺杆磨床、凸轮磨床一举打破意大利和德国在该细分市场中的垄断。

当然，这里的企业家们也在说，他们还有很大的上升空间，他们正在努力向高端需求奋进，并且积极谋划"国产替代"。

再次想到那群集体出动的鱼。其实不仅仅是小鱼会集结成群，一些体型较大的捕食者也会集体行动，比如金枪鱼。捕食者成群结队的目的当然是为了提升捕食概率。不过，人类最新的研究发现，群聚的鱼儿不仅仅是为了捕食或者是防捕食，它们群聚还为了互相学习。群聚的鱼会观察彼此的失败和成功经历并从中学习，这种行为可以刺激神经发育，特别是负责记忆和学习的那部分大脑的神经。但如果把单条鱼从它们所处的正常群体中分离出来，它们只好挣扎着独立学习，艰难程度肯定要比在鱼群中更大。

这个原理，很像在上海发那科工厂看到的工业机器人之间自主学习的场景，只要有一个机器人学会了新的知识，它身边的机器人也会同时学会某种本领。

台州机床行业的学习和创新，以填补国内空白和替代进口为主攻方向，鼓励生产企业开展重大技术装备攻关，研制一批首台（套）重大技术装备及关键核心零部件，在关键环节实现"国产替代"。如北平机床研发的五轴数控工具磨床、数控内外圆磨削中心可替代德国西门子、韩国 KASWIN 等企业的设备；上优刀具生产的高速干切齿轮滚刀替代美国格力森、德国蓝帜等世界顶级企业的进口刀具；甬岭数控设计的微调精镗刀在刚性上比日韩系列的同类产品更优。

原先国内高端数控车床市场一度被马扎克、DMG 森精机、中村留等知名国际机床制造企业所占据。随着台州海德曼公司采取了"专""特""精"的经营方略，专攻高端机床，通过多年的摸索和创新，海德曼目前已掌握高刚性和高精度主轴技术、电主轴技术、伺服刀塔技术和伺服尾座技术等核心技术。实现高端数控车床主轴、刀塔、尾座等核心功能件的自主化，使海德曼成为国内为数不多能实现核心功能件自主化的企业之一。海德曼还在高端数控车床领域不断投入研发，同时建立了高端数控车床基础技术平台及基础制造平台，产品技术水平基本达到了国际竞争对手的水平。

在进口替代方面，海德曼在汽车零部件、电动工具、工程机械等产品领域有着优异表现，并已对 13 家下游厂商所使用的进口高端数控车床进行了进口替代。如客户之一的中马传动，其在 2018 年和 2019 年采购了海德曼的 T55 系列数控机床，分别替代的是日本马扎克的 QPT150 机床和美国哈挺的 E51 机床。同时，海德曼也打破国际机床巨头对我国部分高端数控机床的垄断，实现部分"进口替代"，甚至在某些性能上，其产品优于国外顶尖公司。

未来，国内高端数控机床国产化需求还将进一步释放，台州机床作为高端数控机床的先行者将在国内市场乃至国际市场中占有一席之地。

3

台州机床产业发展强劲，离不开政府、企业的同心协力。台州市多年来不断深化"最多跑一次"改革。推进"一件事"全流程最多跑一次，全面实施乡镇

（街道）政务服务"就近办理、集成服务"改革，深化机关内部"最多跑一次"改革，实现"跑一次"向办得快、办得好推进。开展证照分离改革全覆盖试点，全面推广投资项目在线审批，确保企业投资项目全过程审批"最多80天"。加强"浙里办""浙政钉"本地化功能集成优化，有序推进公共数据开放应用，实现80%以上政务服务办件网上受理。深化营商环境"10+N"行动，全面建设"五高五低"的营商环境，让企业专心创业、放心投资、安心经营。出台企业信用促进条例，优化公共信用信息平台，完善守信联合激励和失信联合惩戒机制。将传统的保姆式、店小二式服务升级为"妈妈式"服务，面向民营企业推出"情感上暖心、行动上贴心、措施上用心、机制上顺心、政商关系上无私心"的"五心"服务，积极构建"亲""清"新型政商关系，营造最优营商环境。

例如，针对台州改革企业开办程序，积极压缩企业开办时限，实行3个工作日，比国务院规定的少5天，比省定的少1天，有的地方甚至到了半天；将常态化企业开办从之前4个大环节11个小环节，共计9个工作日，精简为3个大环节9个小环节，审批时间压缩了67%。开办时间的一再提速，催生了更多的市场主体。

另外，以温岭市东部新区为例，该地区集聚了温岭大批的优秀机床企业，仅2018年全年政府就帮助企业解决大小诉求500多件。政府在企业心目中有公信力，机床行业在台州就有很好的营商环境，优秀企业就能成长起来。

2020年受新冠肺炎疫情等因素影响，台州制造业遭受重创，部分企业存在订单取消或延期、新订单签约困难等问题。台州市政府立即出台"30条"举措，从金融扶持、就业稳岗、优化通关等十大方面入手，助推当地制造业逆势突围。

制造业的高质量发展离不开良好的营商环境，"妈妈式"服务带来的效应显而易见，企业在开办、获得场地、获得融资、日常运营和出了问题五大核心点上都可以找到服务部门快速帮助解决。2017—2019年，台州连续28个月实现民间投资增长10%以上。其间，2019年全市民间投资增长23%，项目

民间投资（剔除房地产）增长30.9%，两项增速均列全省第一。这些数据是台州近年来不断优化营商环境，特别是深入推进民间投资综合改革激发民营经济活力的最好诠释，为中小企业持续提振干事创业的精气神，为台州"制造之都"注入新动能。

面对台州机床行业研发能力弱、人才短缺这个瓶颈：一方面，当地政府积极推动与高校的长效合作机制，各知名高校纷纷在台州设立研究机构，如浙江清华长三角研究院台州创新中心、浙江大学台州研究院、南方科技大学台州研究院。台州本地高校学府积极探索产教融合的合作新模式，其中台州学院专门成立智能制造学院、大数据学院，并专门为杰克控股集团设立杰克学院，为本市的机床企业定制专业化技术人才。另一方面，面向国际，在德国设立台州市海外中心，对接台州的机床产业，通过承接德国的产能，以及合资合作，加快了本土企业的国际化步伐。台州市在德国成立了招商引才办公室，对接机床企业的具体诉求。作为中德工业联盟创始成员城市，台州市政府每年分春秋两季召开人才交流会，吸引机床创新企业和人才落户台州。

推动校企合作设立研究机构，构建政产学研用联合攻关体系，建成台州温岭机电工程师协同创新中心、温岭市高端机电及智能装备企业创新联盟、浙江省工量刃具产业创新服务综合体和浙江省机床装备产业技术联盟等公共服务平台，集中攻克行业的一些共性问题和关键问题。如浙江省工量刃具产业创新服务综合体已与370家企业开展产学研合作，达成合作项目42项，合同金额达1000万元。鼓励产业链上下游企业和清华大学、浙江大学、中国工程院、华中科技大学等高校及科研院所开展合作攻关，共建院士专家工作站2家，实现高层次人才和高成长性项目的同步孵化。

温岭市在扶持企业方面，出台了《关于进一步推进产业优化升级振兴实体经济的若干意见》，设置专项资金，有效激励企业积极参加"浙江制造"标准提升工程。为配合首批团体标准的顺利实施，多次邀请国内机床工具行业权威专家，对温岭市大众精密机械有限公司和台州市锐安硬质合金工具有限公司等

第五章　民企的演进

50家骨干企业进行现场诊断，帮助企业找到现有管理上的不足以及未来发展隐忧200多项。自团体标准实施以来，联盟内企业产品的技术指标、质量水平和品牌形象显著提升。

机床装备的区域发展优势，离不开产业链、创新链的发展，离不开产业生态的培育。台州不断加大政策支持，从机床行业规模不大的特点，又出台了《台州市"瞪羚企业"培育计划实施方案》，加大了对中小型创新型企业的政策扶持。同时，以高标准建设产业园区，着力打造若干个集人才科技扶持、投融资平台、公共服务为一体的"500精英计划"创业创新园，吸引全球高端行业人才来台创业。

此外，台州定期举办国际机床展、玉环机床展、温岭工量刃具和金属切割技术展等三大展会。通过定期举办各类展会，扩大了台州本土企业的行业领导力和影响力，间接带动销售的扩大和市场占有率的提高。政府鼓励企业利用展会平台，交流行业最新动态、经验和技术，营造了机床装备业发展的良好环境。

4

从全国整体宏观上来看，近年来随着国内经济飞速发展，消费升级步伐加快，机床用户需求明显升级。市场对批量化通用型产品的需求下降，对小批量定制型产品的需求增长；对单机需求减少，对自动化成套设备的需求增加。

机床是工业母机，但同样服务于甚至受牵制于市场。迎合市场需求，将是未来机床的主要发展方向。具体来说，未来国产机床势必向高精化、集成化、智能化方向发展。另外，非标准化、个性化的定制数控机床产品也拥有很大的发展潜力。这是机床生产企业形成差异化竞争的关键。当然，机床的精度、刚性、耐性、工艺等依旧是基础。由此来看，台州机床发展之路仍任重道远。

机床强则工业强，面对越来越强的中国工业制造，机床行业不能后继乏力。机床行业要继续奋发图强，为我国工业发展保驾护航。

中国科技型企业的担当及创新实践

他强由他强,清风拂山岗

——中外企业游历见闻

金庸先生的《倚天屠龙记》中有句心诀很有意思:他强由他强,清风拂山岗。此话何意?用现代的话说,就是不管别人怎么强大,如果你是一座山,他们就像清风拂过山岗一般。也就是说,真正的强者往往是不动声色的。

关于机床,工业人有很多感慨。我们想要做机床强者,我们首先要学会做个弱者,去潜心学习,不断提升自己。

1

SW 公司全称德国埃斯维机床有限公司。它的德国总部和中国公司都非常时尚漂亮。

SW 公司是一家完全由职业经理人管理的企业。弗瑞斯负责市场营销,施莫尔茨主管财务,韦伯则主营研发制造,围绕着三个人的主管业务范畴,SW 公司形成了既贴合现代企业管理,又不乏自身专业个性的"三驾马车"制度。施莫尔茨说:"其实这种'三驾马车'式的结构在德国很经典,我们并不是与众不同的,让我们与众不同的是我们在这里聘请的技术人员。黑森林地区的人们都受过良好的教育,而且会非常积极主动地为我们努力要实现的目标而奋斗。这是最重要的因素。"韦伯更是赞叹人才的结构:"埃斯维机床全球约 1/3 的员工是机械工程师或软件工程师,约 20% 的员工做研发,这些对我们现在的业务乃至未来的成功至关重要。"

而在 SW 苏州公司,除了总经理魏斯特等几个外国人,其他人都是中国员工。SW 的拳头产品是四主轴五轴联动机床,能够同时完成四台传统机床的工

图 5-9　干净敞亮的 SW 机床车间内景

作,实现了效率与精度的完美结合,省时、省力、省人工,所以吸引了很多中国订单。因为在注重高效和精密的同时,SW 加工中心的设计精美而现代,因此被誉为机床行业的"保时捷"。

在 SW 车间,有一个惊人的发现——在机床内部的组装现场,只见成千上万条电线被整整齐齐地铺陈在机器壁上,这样的场景令人震撼,也很有艺术性。假如你从一个起点开始,沿着一条线寻找它的轨迹,你可以很容易摸清它的来龙去脉。如果某条线路出现问题,你可以顺着它的轨迹很快查找到问题点。见到如此场景你也许会禁不住问:那么多条线路,是如何整齐划一

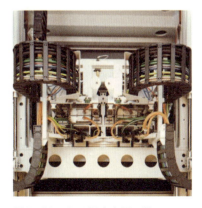

图 5-10　SW 机床内景一瞥

图 5-11　对线路进行精细化管理

图 5-12　整洁清晰的机床内部　　　　图 5-13　机床内部的整洁是良好的基础

地"贴"在机器内壁上的？这又是怎样的训练才能完成如此复杂的布局？也许从这一点上，我们可以找到自身的差距。

2

上海，F1 赛车场也有机床竞争的场景。

吉尼·哈斯，哈斯车队的老板。赛场之外，他的另一个身份是全球销量领先的哈斯机床的创始人。这位老板，是天生的技术狂，一辈子就爱赛车和机床。"当我十六岁读高中的时候，我就经常加工赛车车轮。自从高中以来，这么多年我一直都这样做。机械加工和赛车对我来说，是我一生都会做的事"，这是哈斯总结的自己。

哈斯的机床普遍不贵，在全球卖得很好。老板哈斯对技术很痴迷，他平时很少待在自己那个辉煌无比、用来装门面的办公室，而总是在机床顶上捣鼓他的零件。人们也是常常在机床顶上找到他。很多时候，整个组织的企业文化，常常受创始人个人的价值观影响。因为哈斯对技术痴狂,所以整个团队对待技术也是一种痴狂的态度。

哈斯机床在美国本土的工厂,是其全球唯一的制造工厂,占地面积不足10万平方米,每年却能够出产1.5万多台机床。在机床业,这是一个极为惊人的数字。而且在哈斯公司1.96万平方米的仓库里,常年储备2万多种零配件,以备不时之需。"我们依靠先进的生产技术来提高质量,我们也依靠合理的设计来提高性能、减少成本,这就是我们对客户负责的一点体现",在技术投入上,哈斯毫不吝啬,用最好的设备、最好的材料以及最佳的服务,来生产最高性价比的产品。

有业内人士在分析哈斯的时候说,哈斯有两样制胜法宝:第一,核心技术始终放在自己手里,他不在美国以外开分厂,这是哈斯的心脏;第二,哈斯数控机床专卖店(HFO)体系是血管,保证血液运输的通畅。

其实,哈斯玩赛车,固然是因为喜欢,但另一方面还是在体现他们的技术能量,因为能够生产赛车零件的机床肯定是顶尖级别的,他也是通过赛车来展示自己能够在高精尖的机床领域占有自己的份额。

不要只听他们怎么说,还要看他们怎么做——拿着这个经验衡量哈斯,你就会发现他的企业经营之道。

3

德国企业,有一个色彩管理之说。这虽然不是新鲜事物,也似乎不引人注目,但是依然具有学习价值。

德国一家涂料工厂,车间主管会让参观者沿着涂成绿色的区域行走,他保证不会遇到危险。但他也很仔细地叮嘱参观者:一定不要去红色区域,另外黄色区域也是要格外注意的。这很容易记住,因为咱们的红绿灯就是这个意思,红灯

中国科技型企业的担当及创新实践

停、绿灯行，黄灯慢、要注意。当然，为了让参观者们体验到工厂的安全性，他还故意走到红色区域、故意背对一辆行驶过来的运输车，在参观者们都在惊呼小心的时候，那辆车在他身后骤然停止，他说："看到了吧，我们给它做了设置，凡是遇到障碍，会自动停止，很安全！"他给我们讲，颜色管理会让员工明白安全的重要性，同时，新员工来了，也马上能明白颜色的意思，就不会犯错，能保证安全。即便这样，在工作车行驶的红色区域，仍设置了安全保障系统。

第六章

协同
的
共鸣

以天地为局，民生为盘，下一场中国大棋
从"打通国家经济命脉"到"构建交通强国"
共建长江经济带绿色生态廊道
在世界版图看中国科技创新型企业的影响力
拍拍那些为"大国重器"配套的企业的肩膀
服务国企　共同成长——专访国能中电白云峰

所谓协同,自古至今,中国人有多种解释:
一是谐调一致、和合共同;二是团结统一;三是会同;四是互相配合。
在国外,协同一词据说来自古希腊语,
意指协和、同步、协调、协作、和谐和合作。
可见,协同一词早已流行,它贯穿在人类社会发展进步的过程中。
人类得以生存,生产得以发展,社会得以前进,都离不开协同。

本章所论述的"协同",当然是多元的。
不仅仅指国内不同区域的协同发展、不同科技创新型企业的相互合作配合,
而且还包括不同领域创新精英的跨界合作。

本章所论述的中铁工业等企业案例,
虽然百花齐放、各具特色,但都殊途同归,
凝聚了中国创新型企业为国家、为民族共商大业、跨界合作、
共同进步的"一体化""一股绳"特点。
虽然来自五湖四海,但心往一起想、力向一处使,
共同建筑美好家园,为全人类共谋福利。

ECHO

第六章　协同的共鸣

以天地为局，民生为盘，下一场中国大棋

我国古代先哲认为，世界万物是由五行元素金木水火土构成的，并且在彼此交互作用中，形成万物。如果用五行元素代表企业气质，那么有几家企业恰恰具备这些特质。这些年来，以他们为典型代表的工业企业，共同协作，以天地为局、民生为盘，下着一场中国大棋。

1

中铁工业的气质像金，铁骨铮铮。在中国现代工业从启蒙到发展、从传承到开拓的各个关键时期，中铁工业的身影无处不在。难能可贵的是，中铁工业不仅见证了民族工业从发轫到发展、从起步到起飞、从崛起到振兴的全过程，还始终跟随党的百年发展脚步，红色基因赓续至今。中铁工业的发展证明，坚持党的领导，听党话跟党走，就一定能为中华民族伟大复兴贡献更大力量。

中粮集团的内涵像木，生机盎然。最初，中粮集团只是一家专营粮油食品的进出口贸易公司，改革开放以后，中粮集团成功从贸易公司转型升级为贸易与实业相结合的公司，建立了油脂、油业、饮料、包装、酒店、地产、金融等产业，形成了全产业链条。近年来，中粮集团以"三个转变"为指引，品牌效应愈加显现，不负"为国谋粮"的使命。

三峡集团的形象像水，风生水起。三峡集团因三峡工程而生，现已发展成为全球最大的水电开发运营企业和我国最大的清洁能源集团。而今，三峡集团在筑牢大水电基本盘的同时，从长江走向更广阔的海洋，加快风电、光伏等新能源发展力度和速度，力争于2023年率先实现碳达峰，2040年实现

碳中和，为筑牢我国能源安全体系、保障国家能源安全、实现高质量发展贡献更大力量。

北京卫星制造厂的性格像火，一飞冲天。隶属于中国空间技术研究院的北京卫星制造厂是我国卫星、飞船研制和生产的重要基地。我国自行研制、生产和成功发射的第一颗人造地球卫星"东方红一号"、第一颗返回式遥感卫星、第一颗试验通信卫星和第一艘载人试验飞船"神舟一号"都诞生在这里。北京卫星制造厂先后成功地完成了科学实验、返回式、对地遥感、资源勘探、导航和通讯等系列 60 多颗卫星和多艘飞船的结构研制、总装测试及发射服务等任务，为我国航天事业和空间技术的发展做出了重大贡献。

中石油的气质像土，承载万物。他们被称为"找油先锋"，亦是"环保卫士"。从冰封万里的北极到烈日炙烤的沙漠，从空气稀薄的高原到神秘莫测的深海，他们寻找能源的身影，对人类意义重大。

金木水火土，以这五家企业为代表的科技创新型企业，构成了一盘微缩的中国大棋的基本元素。

再放大棋盘看看，能看到什么呢？

2

"一带一路"建设、京津冀协同发展、长江经济带发展是国家提出的三大战略。

专家提点 | 成长春　江苏长江经济带研究院院长兼首席专家

全国发展一盘棋，中央为每个重大发展战略都确定发展定位。

京津冀协同发展，核心是京津冀三地作为一个整体协同发展，要以疏解非首都核心功能、解决北京"大城市病"为基本出发点，更加凸显首都的政治中心、文化中心的作用。

第六章 协同的共鸣

长江经济带发展，突出的是高质量发展，当然长江经济带本身也具有协同发展的示范作用。在长三角一体化当中，强调的是高质量和一体化。

按照规划纲要，粤港澳大湾区不仅要建成充满活力的世界级城市群、国际科技创新中心、"一带一路"建设的重要支撑、内地与港澳深度合作示范区，还要打造成宜居宜业宜游的优质生活圈，成为高质量发展的典范。粤港澳大湾区主要是对外开放，重点在创新要素的集聚。

京津冀协同发展、长江经济带发展、粤港澳大湾区建设、长三角一体化发展、"一带一路"建设，以及黄河流域生态保护和高质量发展这几个国家战略，既考虑到我们国内的发展，也考虑到我们国家在世界发展中的影响力，既有经济发展自身的一种考量，同时也有空间发展、社会发展、生态发展的考量——这种战略的布局，更加契合我们国家发展的需要，对于形成我们东亚地区的小循环、撬动全球大循环，起到了很好的作用。

百年首钢搬迁，工业企业齐聚雄安新区大搞建设，迎接 2022 年冬奥会、中铁山桥修建京张高速铁路等重大改革创新案例，正在讲述京津冀协同发展的故事。

"北京、天津、河北人口加起来有 1 亿多，土地面积有 21.6 万平方公里，京津冀地缘相接、人缘相亲，地域一体、文化一脉，历史渊源深厚、交往半径相宜，完全能够相互融合、协同发展。"2014 年，习近平总书记作出将"京津冀协同发展"上升为国家战略的重大部署。

习近平总书记强调，实现京津冀协同发展，是面向未来打造新的首都经济圈、推进区域发展体制机制创新的需要，是探索完善城市群布局和形态、为优化开发区域发展提供示范和样板的需要，是探索生态文明建设有效路径、促进人口经济资源环境相协调的需要，是实现京津冀优势互补、促进环渤海经济区发展、带动北方腹地发展的需要。

对于处于京津冀的企业来说，例如中铁工业，从近几年以来的发展势头和变化看，无疑迎来了高光发展时期。这个经济圈的企业，明白自己承担的示范作用的重担，彼此优势互补、互利共赢、扎实推进，努力实现京津冀协同发展。

随着长三角地区高铁建设成网，上海、江苏、浙江、安徽三省一市已经形成以上海为中心的半小时到3小时高铁都市圈。在沪宁、京沪等高铁沿线上，安亭商品车辆物流基地、常州新型制造业产业以及苏州高新区、徐州循环产业经济园、宣城新塘羽绒产业园，飞速发展。整个长三角地区，以"上海知识型服务业体系""杭州现代商务休闲、文化创意产业为核心的高附加值产业体系""苏锡常地区特色新型制造业产业体系"为核心的区域联动发展新模式正在形成。

长江流域和长江经济带，在历史上就是中国工业重兵布局的地区。习近平总书记高度重视长江经济带的发展。党的十八大以来，习近平总书记先后于2016年、2018年、2020年在重庆、武汉、南京三市召开了三次长江经济带发展座谈会。

2016年1月5日，习近平总书记在第一次座谈会上指出，长江拥有独特的生态系统，是我国重要的生态宝库。当前和今后相当长一个时期，要把修复长江生态环境摆在压倒性位置，共抓大保护，不搞大开发。

2018年4月26日，习近平总书记再次主持召开座谈会指出，新形势下，推动长江经济带发展，关键是要正确把握整体推进和重点突破、生态环境保护和经济发展、总体谋划和久久为功、破除旧动能和培育新动能、自我发展和协同发展等关系。

在2020年11月14日的第三次座谈会上，习近平总书记为"十四五"长江经济带生态优先绿色发展提出了新目标，指明了新方向。他表示，要找出问题根源，从源头上系统开展生态环境修复和保护。要加强协同联动，强化山水林田湖草等各种生态要素的协同治理，推动上中下游地区的互动协作，增强各项举措的关联性和耦合性。要注重整体推进，在重点突破的同时，加强综合治理系统性和整体性，防止畸重畸轻、单兵突进、顾此失彼。要在严格保护生态环境的前提下，全面提高资源利用效率，加快推动绿色低碳发展，努力建设人与自然和谐共生的绿色发展示范带。

"总书记的三次讲话，都讲了生态，一次比一次讲得深刻，一次比一次讲得明白。让大家搞清楚，牢记绿色发展，在保护的前提下发展我们的工业"，长江经济带研究专家成长春如是说。

长江经济带协调性均衡发展的战略架构总体上分为三个层面：一是在战略手段上，以推动在空间整体上及各地发展内容上形成融合发展态势为抓手，将长江经济带内分散式的区域发展战略和政策联动化，进一步增强其科学性、可操作性和联动效率；二是在战略目标上，以推动形成互利共生关系为根本，促进各区域单元之间在共生利益的基础上形成共生意愿，促成共生行为，形成共生资源，实现共生价值；三是在对外战略上，要加大支持长江上游地区向西开放的力度，加快形成长江经济带东西双向开放的新格局。

"一带一路"是"丝绸之路经济带"和"21世纪海上丝绸之路"的简称。2013年9月和10月，中国国家主席习近平出访中亚和东南亚时，分别提出了与相关国家共同建设"丝绸之路经济带"和"21世纪海上丝绸之路"的倡议。

2016年1月16日上午，习近平主席在亚洲基础设施投资银行开业仪式上致辞，他强调，中国将始终做全球发展的贡献者，坚持奉行互利共赢的开放战略。中国开放的大门永远不会关上，欢迎各国搭乘中国发展的"顺风车"。

总结京津冀协同发展、长江经济带发展、"一带一路"建设三大战略的共同特点，是跨越行政区划、促进区域协调发展。中国地域辽阔，无论是东部沿海地区，还是西部内陆，其实都有很好的发展机遇。特别是西部，过去人们觉得它属于边缘地区，但是通过"一带一路"的带动，西部与周边国家实现了互联互通，西部城市成为联系中国和"一带一路"国家的重要纽带，发展机遇其实不亚于东部。东西部地区还有一个共同的点，就是对我国经济和区域发展起到一种示范和引领作用，无论是协同还是引领，无论是高质量发展还是对外开放，他们都起到示范和带头作用。

中国科技型企业的担当及创新实践

现在来看,中国各区域之间协调发展,没有谁重要谁不重要之分,多个经济增长极齐头并进,大家都是一条心,相互分享和共同进步。

从"打通国家经济命脉"到"构建交通强国"

中国拥有完整的工业体系,包含 39 个工业大类、191 个中类和 525 个小类,这得益于自力更生、厚积薄发的工业精神。在中国诞生的超级工程,无论是世界最长跨海大桥还是世界最长高速公路隧道,抑或者是纵横交错的高铁线路,都不是由一个或者几个企业独立完成的,而是成千上万个企业紧密配合,共同完成的。

在装备产业领域,以中铁工业为例,合作伙伴来自五湖四海,大家都在为祖国事业共同奋斗,不懈努力。

1

2021 年 6 月 17 日,国产首台高原高寒大直径硬岩掘进机"雪域先锋号"在中铁装备国家 TBM 产业化中心郑州园区下线。该设备将用于青藏高原路网

图 6-1 国产首台高原高寒大直径硬岩掘进机"雪域先锋号"(刀盘直径 10.33 米)在中铁装备国家 TBM 产业化中心正式下线

第六章 协同的共鸣

建设。众所周知，高原上修建工程因为高寒缺氧、冻土广布的气候和地质条件而向来艰难。为此，在科技部"863""973"计划项目以及河南省首批创新引领专项"超大直径岩石隧道掘进机关键技术研究及应用"项目支持下，中铁装备、中铁隧道局创造性研制出国内首台高原高寒大直径硬岩掘进机"雪域先锋号"。"雪域先锋号"刀盘直径10.33米，整机总长245米，总重量约2500吨，是目前国产最大直径的敞开式硬岩掘进机，也是世界首台双结构硬岩掘进机。这对完善青藏高原路网、促进西部经济社会建设，具有开创意义。

2021年7月，习近平总书记在西藏考察调研。期间，总书记来到林芝火车站，了解川藏铁路总体规划及拉萨至林芝段建设运营等情况，并实地察看拉林铁路沿线的建设情况。中铁工业"雪域先锋号"掘进机以及其他高原高寒极端装备模型接受了总书记的检阅。

自从中铁工业完成了科技部"863""973"计划项目，在通路架桥方面不断创造新的技术、新的理念和新的方案，为联通东西、融合南北经济，做出了重要贡献。

2

2021年6月25日，嘉兴市有轨电车一期工程示范段正式开通。中铁工业旗下中铁山桥为该项目提供全线路道岔，包括30多种特殊道岔类型，道岔总数量达80余组。科技创新型企业再次发挥了它勇于创新的特质——在全力投入嘉兴有轨电车项目的研发制造过程中，中铁山桥通过对我国现代有轨电车的深入调研，结合南京、广州、青岛、武汉、淮安等地有轨电车设计研发经验，联合铁科院、燕山大学等科研单位和高等院校，从材料性能、结构设计、工艺创新等多个方面实现了技术难点攻关。

在材料性能上，中铁山桥与攀钢等多家钢厂合作，研发了性能更好、整体性更强的新型合金材料，该材料在获得高强度的同时保证了高冲击韧性，为今

图6-2 中铁山桥道岔生产场景

图6-3 中铁工业自主研发的"新时代号"空轨试验线

后有轨电车新材料开发和应用开创先河。在结构设计上，采用了国际最先进的一体化结构，解决了上下层焊接结构不一致的问题，保证了道岔结构的高整体性，是国内首批有轨电车整体式结构道岔。在工艺创新上，利用中铁山桥成熟的闪光焊技术实现了新型合金材料与U75V钢轨的无缝连接。研发了新型球头刀具，采用三轴联动数控铣床加工，提升了加工精度。

1922年8月，从嘉兴南湖红船走来的党的一大代表王尽美同志，带着红色种子来到中铁山桥，并创建秦皇岛地区第一个党组织，开启了"红桥"精神领航的百年发展之路。从"红船"到"红桥"，再从"红桥"到"红船"，历史是出卷者，中铁山桥是答题人。秉承着"领路先行，尽善尽美"的"红桥"精神，百年中铁山桥不断创新，从八横八纵的铁路主干，到交通的毛细血管，都书写出兴业报国、兴企为民的满意答卷。

3

以中铁工业为代表的科技创新型企业的发展无一不是在科技创新中突破自我，成为人们更加信任和青睐的支柱型企业。从被动走向主动，从追赶到领跑，再到超越，经历了裂变式的革新发展。

通过不懈努力，中国企业用科技创新为企业的未来勾画了无限可能。疫情期间，中铁工业的业绩逆势上扬，这源于由追求速度和规模向更加注重质量效益转变，由各种运输方式相对独立发展向一体化综合发展转变，也源于由传统要素驱动发展向创新驱动发展的转变。

中铁工业近几年研发费用占营业收入的比例均保持在 5% 左右，公司拥有 2 个院士工作站、2 个博士后工作站、5 个国家级技术中心、9 个省级技术中心、8 个省级科技创新平台、21 家国家高新技术企业。"一中心三示范"项目（智慧云中心和掘进机、钢桥梁、道岔三个智能制造示范工厂）正式投入使用。公司成功研制出具有水射流功能的第四代半掘进机并应用于福建龙岩引水工程。"异形全断面隧道掘进机设计制造关键技术及应用"荣获 2018 年度国家科学技术进步奖二等奖。"隧道联络通道用盾构机及其联络通道掘进方法"荣获中国专利金奖。自主研发的组装焊接机器人系统成功应用于港珠澳大桥项目。成功研制首台国产双轮铣打破了发达国家的垄断。公司先后获得省部级以上科技奖项 60 项，其中国家科技进步一等奖 1 项、二等奖 2 项，国家技术发明二等奖 1 项，中国优秀工业设计奖金奖 2 项，中国专利金奖 1 项，中国专利优秀奖 3 项，以及中国质量奖。

作为勇担使命与责任的国资央企，在实现企业高质量发展，保值增值的基础上，更要兼顾社会责任与历史使命。中铁工业在响应国家"六稳六保"方面，重点做好了三个方面工作。

加强引导，有序高效推动复工复产。2020 年 5 月，公司迅速制定"百日大干"实施方案，制定产值计划、重点项目节点目标，掌握重点项目推进进度，定期统计产值完成情况、农民工使用情况。合理分配生产资源人力资源、优化生产组织、制订赶工计划、统筹协调生产作业人员，充分调动一线人员的积极性，全力推动复产、达产、超产。当年 8 月，公司 15 米级超大直径泥水盾构成功穿越汕头海湾；9 月，中国中铁第 1000 台盾构机正式下线；10 月，国内最大海上风机导管架顺利交付；11 月，世界首组时速 600 公里高速磁浮

中国科技型企业的担当及创新实践

道岔完成架设；12月，"一带一路"最大桥梁工程——帕德玛大桥成功合龙。

加强人员引进，保障就业民生。中铁工业在积极推进复工复产的同时，扎实做好人员招聘工作，利用高校和地方政府的线上招聘平台发布招聘公告，启动毕业生招聘工作，并通过各种渠道有序推进成熟人才招聘。2020年，公司共招录大学生、社会人才等各类人员1166人，每月稳定有2万余名农民工、外包队伍员工在公司生产和施工一线服务。公司按时足额给付员工薪酬，员工薪资实现平稳增长。

支持中小企业，携手共渡难关。中铁工业在努力做好自身防控措施的同时，积极帮助和支持民营企业、中小微企业做好防控和生产，共克时艰。2020年上半年，公司主动向武汉及周边地区4家民企提供14000吨钢结构劳务订单。为保证火神山医院后期顺利运行，公司与武汉科贝科技股份有限公司就火神山医院项目劳务用工、材料采购、后勤保障、后期维护签订合同，并积极提供防疫用品支持建设与维保，有力帮助民企开拓业务。

国家富强、民族复兴、百姓幸福，需要我们各行各业担起责任勇向前，撸起袖子加油干。梦想来自于坚定的信心，目标来源于十足的自信"底气"。在助力交通强国建设、服务新发展格局、护航经济社会发展中，中铁工业及其合作伙伴们，必将责任所致，使命必达。

专家提点 | **成长春** 江苏长江经济带研究院院长兼首席专家

从产业发展来讲，整个产业链如何协调的问题，显得尤为重要。目前我们国家既有自己的优势，也有不足。优势是我们在不少领域全产业链的构建，不足是在产业的有些方面存在明显短板，尤其是某些产业链的中高端我们并不占优。

现在在打造先进制造业集群的过程中，必须要围绕着产业链的强链补链展开工作，这就对交通提出了要求。尤其是物流成本对强链补链形成了制约。强链，不仅要求链条环节要全，而且链条的每一个环节要强。还有要围绕创业链来布局产业链。产业链和创业链融合的问题，也很现实地摆在我们面前。

第六章 协同的共鸣

共建长江经济带绿色生态廊道

党的十九大报告提出"以共抓大保护、不搞大开发为导向推动长江经济带发展"。那么在"共抓大保护、不搞大开发"的趋势下，如何保证长江经济带的生态环境保护和经济发展协同并进？

早在2014年，国务院发布的《关于依托黄金水道推动长江经济带发展的指导意见》中就已明确指出，推动长江经济带建设，首先要做好长江流域一体化顶层设计和规划。

长江经济带大小城市200余座，占全国城市数量的33.8%，城市之间要紧密开展区域合作。而实际上，每座城市都蛰伏着一些有创新执行力的工业企业，能够很好地带动科技创新进步。有专家提出，可以搞一条龙调研，列出需要支持的产业清单，以及各地的负面产业清单，把两个清单相结合，然后请环境学家和经济学家论证。最后，每个地方都发挥特色，避免兄弟省市之间恶性竞争，只有这样，经济效益才能与环保效益一并提高。

如今，全国性的经济增长主要依靠科技进步，而不再依靠透支资源和破坏环境。创新力和执行力很强的央企国企首先要起到模范带头作用。

1

三峡工程处于长江上游来水进入中下游平原河道的"咽喉"，可以控制荆江河段95%的洪水来量。长江清源节能环保有限公司执行董事兼总经理张田田认为，三峡电站现在是名副其实的装机容量全世界最大，年发电量也是全世界最大的水电站，发出来的绿色电力对节能减排发挥了重要的作用。

对于三峡水电站来说，发电是其重要的职责。但实际上，防洪才是当初修

中国科技型企业的担当及创新实践

建三峡工程的首要目的。自古以来，长江流域资源丰富，土地富饶，但同时也比较容易发生洪涝灾害。

如今，创造了多项世界之最的三峡工程巍然耸立于长江咽喉。洪峰来临时，水库开闸泄洪，通过科学调度错峰消峰，实现抗洪目的。2020年在长江流域暴发的洪水，据说是五十年一遇的特大洪水。通过精细化运行和科学的调度，有力地削减了这次长江的洪峰，对保障整个沿线人民的生活和财产起到了很大的作用。同时在长江沿线缺水的时候，也可以通过联合调度将水及时补充到相关的区域。

通过三峡工程拦截洪水和泥沙，减缓了泥沙淤积速度及水面面积和容积的萎缩速度，持续改善着长江的水质，让长江持续保持着水清岸绿。可以说，三峡水电站的防洪功能其实就是对长江流域最大的生态保护。

时至今日，长江的经济地位日益提升。长江经济带被誉为中国经济的"金腰带"、中国经济的脊梁，事关国家安全、高效、可持续发展的全局。

遵循山水共治的新思路，三峡集团积极响应政府号召，建立了长江生态环保集团、长江生态环境工程研究中心、长江绿色发展投资基金、长江生态环保产业联盟、长江生态环保专项资金，实施资产、资本、项目多轮驱动，以保社会资本规律形成，形成"长江大保护"格局，努力使母亲河永葆生机活力。

根据张田田的介绍，按照国家部署，这家专为节能环保而设立的三峡集团旗下的子公司，从前期4个试点城市的试点示范，到16个合作城市的拓展，到后面的全江转段，全面铺开，按照开工一批、建成一批、储备一批的业务思路，在长江经济带滚动地发展，良性地布局。

共抓大保护、不搞大开发，把修复长江生态环境、维护生物多样性作为长江绿色走廊的标志性特征。作为中国最大的清洁能源集团、全球最大的水电开发公司，三峡集团迈上了全面推动长江经济带高质量发展的绿色征程。

张田田认为，长江治理好了，对中华民族的永续发展就起到了很好的支撑作用，同时通过对长江的治理，能够总结出一些系统的、全面的治水模式经验和示范，对于我国其他的流域以及世界其他难度比较大的流域的治理，能够提供很好的样板。

2

自 2018 年创建以来，中铁环境在"美丽乡村建设"领域进行了积极探索，以科技创新为引领，先后与中国科学研究院生态研究中心、中科院水生所、湖南农业大学、华南理工大学等国内外知名科研院所及高校建立产学研合作创新平台，成立了"农村环境综合治理联合实验室"，发挥各自优势，进一步增强科技创新能力、加快科技成果产出。

株洲市茶陵县下大力气整治乡镇污水，提高村民生活质量。中铁环境在茶陵县的高陇镇、严塘镇、火田镇、秩堂镇、舲舫乡 5 个乡镇进行污水处理厂及管网配套设施建设，自动化程度高，可真正实现无人值守，出水标准实现一级 B、一级 A 和准地表Ⅳ类水标准。

"农村环境综合治理联合实验室"紧紧围绕"长江大保护""美丽乡村建设""农村人居环境整治三年行动"等国家重大战略，围绕市场和企业需求，开展农村环境综合治理先进理论和技术的研究，并且进行工程项目的应用和环保装备的制造，协同促进农村环境综合治理领域前沿的理论研究、技术开发和产业推广。

另外在 2020 年，中铁环境还先后参与了伊春鹿鸣矿业尾矿砂泄漏污染事件生态环保治理、郴州倒窝里生活垃圾填埋场建设、深圳地铁盾构渣土综合处理和杭州天目山路环城北路 01 标段泥水处理等生态环保项目。

加强环境治理、保护生态环境、发展环保产业，蓬勃发展中的中铁工业持续贯彻落实习近平总书记关于生态文明建设重要指示，践行"三个转变"重要指示，大力倡导绿色发展，在工业生产过程中增加生态保护的投入，使用环保设备，改进施工工艺，优化施工方案，减少对水、大气、植被和生物

图 6-4　美丽乡村建设施工现场

图 6-5　湖南省郴州倒窝里生活垃圾填埋场施工过程

图 6-6　填埋施工过程

图 6-7　垃圾填埋场开始覆绿

的影响。

在地铁建设中,中铁科工积极推广应用新技术、新工艺、新材料、新设备,进行有效的技术集成与技术创新,自行研发制造出双轮铣槽机,对环境影响小。另外,中铁工服、中铁环境设计研发的国内首套盾构渣土环保处理系统,可以在施工中让渣土秒变成宝,不但保护了环境,实现了渣土回收再利用,还产生了很好的经济效益,为绿色施工、城市基建增添新"法宝"。

在长江经济带,除了国企的引领和带动,一大批民营企业也早早地在积累中厚积薄发。他们都被称为"环境管家"。

图 6-8　垃圾填埋场完成覆绿

图 6-9　垃圾填埋场覆绿以后

图 6-10　湖北省老河口市建筑垃圾资源化利用效果图

图 6-11　盾构渣土环保处理系统

3

江苏双良集团基于自身在环保节能领域的深厚积淀，于 2017 年开始产业转型升级的重要战略布局。这家公司从一创立起，就以科技创新为内核，采用"生态管家"模式，致力于通过整体规划的市政水利工程建设、水环境综合整治、水生态修复工程、园林绿化景观设计等多种方式，为城市建立起一套科学的、有针对性的长效管养综合治理机制，坚持"科技与自然共力修复"的理念，做水生态自然修复的引领者。

"十四五"时期，我国生态文明建设进入了以降碳为重点战略方向、推动减污降碳协同增效、促进经济社会发展全面绿色转型、实现生态环境质量

中国科技型企业的担当及创新实践

改善由量变到质变的关键时期。2021年6月5日,国家主席习近平向巴基斯坦世界环境日主题活动致贺信,再次提出,地球是人类的共同家园。生态兴则文明兴。人类应该尊重自然、顺应自然、保护自然,推动形成人与自然和谐共生新格局。

这些号召,更加增强了企业在环保路上走下去的信心和激情。

双良集团的环保创新架构分层很多,创新技术层出不穷,覆盖的范围涉及全国各地。

环太湖地区,跨江浙两省,涵盖苏州、无锡、常州、湖州和嘉兴五个城市,是我国经济最为发达的地区之一。但是多年来,地区经济社会的快速发展消耗了大量的资源和能源,太湖水质危机浮现。旨在为太湖水体污染控制与治理提供强有力的科技支撑的"十三五"水专项"太湖项目"于2017年启动。双良环境参与到"望虞河西岸清水廊道构建和生态保障技术研发与工程示范"项目下设子课题中,与中国科技开发院江苏分院联合开发新型环保产品,经成果转化和二次开发,实现了产品规模化生产,并为望虞河西部河网支流——民丰河、丰产河等河道水质达标综合治理方案提供有力的产品支撑。

在本课题中,双良环境提供了核心产品——光催化网。产品表面是一些通过特定工艺制备的比表面积大、稳定性强、性能优异的新型复合纳米催化材料。这些材料因具有特定的结构,使产品具有太阳能吸收效率高、水体净化能力强等特点。另外,产品还具有绿色可持续、环境友好、生物安全的特点。该产品已授权多项专利。

在产品应用中,双良环境开发了"光催化介导水生态系统转换"技术,这是一种利用光催化人工介导和生态自组织修复原则实现健康稳定水生态系统的集成技术。在太阳光照射下,光催化产生的氧化还原反应,能削减水中的营养负荷。同时,产品可有效改善水生态系统固有的生物反应。结合系统自组织修复机制,恢复水生态系统健康循环,在科技与自然共力修复作用下,加速稳态转换,实现水生态系统从藻型水稳态向草型清水稳态转换,最终构筑了具备自

图 6-12 治理前的水体　　　　　　　图 6-13 治理后的水体

净化能力的自然健康水生态系统。

这样治理出来的长江水是活的、是有生命力的，可以实现水体生物自净并保持水质稳定。经过治理，各条治理河道的相关指标均达到了政府考核指标，完成了课题内容。"十三五"期间，该项技术产品还在无锡滨湖区、梁溪区等多个水体治理中实现了成功应用，为改善地方水体生态环境保护做出了一份贡献。

在长江流域，流域面积 1 万平方公里以上的支流有 49 条，另外还有成千上万个湖泊溪流，如果说三峡集团、中铁工业做的是长江流域大动脉的创新工程，那么双良集团做的则是打通长江经济带"毛细血管"的清洁工作。彼此之间，有点像"众星捧月"，月亮明亮皎洁，星星璀璨夺目，相互烘托照应，共生共长，融为一体。

4

实施长江经济带发展战略，既是上海难得的机遇，更是义不容辞的责任。

上海崇明岛是长江进入大海前的"最后一公里"，也是全球候鸟迁徙的一处至关重要的"加油站"。但 2002 年后，崇明东滩一度面临生态危机。为防浪消浪、保滩促淤，引入的互花米草在崇明岛东滩快速蔓延开来。由于互花米草根系庞大，使得为候鸟提供食物的芦苇、海三棱藨草等本土植物无法生长和生存。为了解决这一问题，总投资 11.6 亿元的崇明东滩生态修复项目自 2013 年开工。截至 2019 年底，在项目实施的约 24.2 平方公里内，互花米草控制率达 95% 以上，修复后的湿地生境面貌初步呈现。

与崇明岛近在咫尺，有我国目前最大的江心水库，相当于 10 个杭州西湖，它就是青草沙水库。目前全上海有 2400 多万常住人口，青草沙水库供水受益人口超过了 1100 万人，也就是说，上海将近一半的用水都是来自青草沙水库。由于青草沙水源地位于长江口江心部位，不受陆域排污的干扰，水量丰富、水质优良，使青草沙成为上海市难得的优良水源地和城市供水的战略储备。但在 2012 年上海"两会"期间，水务系统人士提出，青草沙存在富营养化，并有出现蓝藻水华的可能。按照长江口的污染趋势，如果不加以治理，青草沙水库可能只有 10~20 年寿命。

2017 年 11 月，上海水资源保护基金会牵头城市水资源开发利用（南方）国家工程研究中心与双良环境联合，在青草沙水库进行"饮用水源（微污染）光催化净化技术工程实证研究"，该项目历时 6 个季节，455 天。和治理修复太湖系统的创新技术一样，都使用了光催化技术，但是两者侧重点不同。太湖是一个富营养型的湖泊，光催化技术重点在于调整湖泊的生态修复，让湖泊恢

图 6-14 治理之后水下 6~7 米的深度依旧清澈见底

图 6-15 水中生物自由生长

第六章　协同的共鸣

复健康，而青草沙水库的治理重点在于光催化技术对饮用水源地水质安全的作用以及对有毒物质的降解。

2019年5月6日，上海水资源保护基金会在上海组织召开了"光催化技术提升饮用水源地水质工程应用专家评审会"，邀请了国内外包含材料、环保、生态、物理、化学、水利等领域的4名院士和5名教授专家。专家组一致认为：该技术处于国际领先水平，是一种绿色、可持续、环境友好的新型水环境治理技术，在饮用水水源地、湖泊、河道具有良好的应用前景。

伴随工业发展而成长起来的一家名叫盈德的专业气体公司将总部设立在上海，项目也是全国开花。盈德气体为钢铁客户提供定制化的用气解决方案，重点专注于工业气体及清洁能源化工业务的发展，以现场管道与液体供气等方式，供应氧、氮、氩等高品质工业气体产品，并提供基于氢气及一氧化碳的合成气清洁能源解决方案，助力冶金、化工、半导体、电子、光伏、食品、医疗健康、新材料、能源、环保等行业发展，在诸多与国民经济紧密相连的领域中持续创造价值。

未来可期。随着我国"2030年碳达峰"和"2060年碳中和"目标的明确，绿色低碳的变革正在各行各业中不断推进，环保相关企业数量也在不断增加。企查查数据显示，截至2021年6月3日，我国共有292.41万家环保相关企业。2020年，相关企业新注册58.87万家，同比增长6%；2021年前5个月共新增22.48万家，同比增长1%。从地域分布来看，广东省的环保相关企业数量最多，共31.72万家。山东和江苏二省的环保企业分别以29.60万家和27.92万家排名第二、三位。上海作为直辖市，在环保方面的重视程度也很高，以19.24万家企业数量排名第四。四川共有环保企业15.25万家，位列第五。

在这场充满了正能量的环保大战中，充分激发了国有企业、民营企业和外资企业三大创新主体的积极性，让他们在科技创新战略中优势互补，提升长江经济带在全球价值链中的地位，无疑意义重大。

中国科技型企业的担当及创新实践

5

从上游、中游来到长江下游，共建长江绿色生态廊道的话题，并没有就此止步。长江是孕育了华夏文明的母亲河，它从中国西部一路走来，奔向大海的怀抱，联通世界。

新能源业务是三峡集团第二主业，海上风电则是新能源业务的战略核心。作为最早进入我国海上风电市场的中央企业之一，三峡集团积极贯彻落实党中央、国务院战略部署，紧抓发展机遇，提出面向沿海、辐射全球，集中连片规模化开发海上风电，打造中国海上风电发展引领者的战略目标。

如今，三峡新能源公司作为三峡集团新能源战略的重要实施主体，正在坚定不移地实施"海上风电引领者"战略，全面推进集中连片规模化开发海上风电，正式开启建设百万千瓦级海上风电场新局面。目前，公司旗下已投产的海上风电项目遍及福建、广东、江苏、辽宁 4 个沿海省份，形成了"投产并网一批、在建项目一批、开展前期一批、储备资源一批"滚动开发格局。

三峡新能源海上风电项目的配套生产商道达公司正努力做好"海上风电工程建设创新解决方案供应商"的角色，他们拥有海上风机整机及一步式安装、一体式测风塔、漂浮式风机基础等国际领先的专有技术。

复合筒型基础是中国独创，创意来源于天津大学的师生们。这个深入海底的复合筒好似一个大喇叭扣在海底，利用负压沉贯原理，通过将筒中沉箱的水抽出、形成吸力，借助海水的重力，将复合筒牢牢地压入柔软的海床。江苏响水海上风电场，海洋底部的地基就好似一块豆腐般松软。复合筒型基础工程使用在此正合适。而且经过近百名科研人员八年科研攻关的成果，这项发明拥有完整的知识产权。

2020 年前，在江苏如东县施工现场的复合筒型基础，还是水泥加钢铁的主材料建造，两年后，道达的复合筒型基础已经升级，采用全钢型复合筒，是在原钢混型复合筒基础上的优化，不再使用混凝土材料，极大地减少了海洋污染。

如果你向海洋再望一望，庞大的技术创新能量正在不断爆发。海洋风电工程技术的每一个微小的创新，都将产生连锁反应，降本增效，最终提供给老百姓清洁的能源和实惠的电价。

6

成长春在他的研究报告《长江经济带协调性均衡发展的战略构想》中写道，促进长江经济带协调性均衡发展的路径选择有六，其中"以创新驱动为引领促进产业转型升级"和"生态文明理念为指导，共建长江经济带绿色生态廊道"理念，给人们启迪不少。

他讲，顺应全球新一轮科技革命和产业变革的趋势，充分利用长江经济带沿线各地区的大学、科研院所、大企业以及国家级园区等丰富的科教资源，积极组建科技创新战略联盟和协同创新平台，促进科技成果加快转化，同时树立尊重自然、顺应自然、保护自然的生态文明理念，改变片面追求经济社会发展而忽视资源环境消耗的惯性思维，指导长江经济带始终坚持好绿色发展、循环发展和低碳发展。在这个基础之上，穿越江河湖海的高效联动，长江经济和海洋经济不断循环作用，通过"一带一路"的杠杆延伸，将撬动整个世界的经济大循环。

在农业时代，人类的生存经验是顺应自然；到了工业时代，万千水泥钢铁之躯告诉我们人定胜天；而在信息时代，人类领悟到"人与自然和谐共处"以及共生发展的深刻含义。

归根结底，人类创造了工业，也将在绿色发展中，找回工业创立的初衷。

专家提点 | **成长春** 江苏长江经济带研究院院长兼首席专家

长江经济带发展，既要讲生态优先、共抓大保护，也要讲绿色发展。

当前，生态优先、绿色发展，已经成为大家的共识。在实际工作推进过程中，有化工企业的搬迁，污染生产线的腾退，化工企业的转型、转移，也有《中华人民共和国长江保护法》的施行所带来的震慑。该法为大家立下了发展的规矩，长江发展工业、发展经济，哪些能做，哪些绝对是禁止的，不能做。

这就是我们的现代化，是人与自然和谐共生的现代化。

在世界版图看中国科技创新型企业的影响力

改革开放以来，制造业企业从"借船出海"到"造船出海"，再到今天依托"一带一路"创造的新契机，中国科技创新型企业正在经历第三波"集体出海"大潮。

赫尔曼·西蒙2019年在中国讲学时提出，中国制造企业必须走出去，因为全球市场会给中国企业提供更广阔的舞台。中国企业必须成为国际化的企业，才有国际地位和可持续发展的源源动力。另外，"一带一路"沿线覆盖了32.1亿人口，其中大部分是新兴市场，年轻人口占比较高，经济增势较好，

图6-16 我国首台出口非洲的盾构机在中铁装备下线

有利于中国科技企业利用国内资源进行伸展和竞争，同时也有利于全球工业和经济循环发展。

中铁工业于 2017 年 3 月 2 日在上交所挂牌并成功上市后，几年来充分利用国家制造强国战略引领和自身资源整合优势的有利条件实现了高质量发展，其中，"国际化"发展的投入和步伐也在明显加大。中铁工业的盾构机产销量在国内市场的占有率连续 10 年居第一位，连续 5 年世界第一，安全掘进里程超过 4000 公里。

1

这一切源于中铁工业对出海做好的各项充足准备。

第一，清晰判断全球大环境。"一带一路"建设全面开启，为公司国际业务拓展带来重大机遇。为更好地拓展国际业务市场，需要做好世界经济和现代工业发展趋势的研判工作。既把握住"一带一路"倡议下的发展机遇，也勇于迎接复杂国际形势下的困难和挑战；既充分利用国家鼓励高端装备制造业"走出去"的政策，也充分认识行业发展趋势和企业自身"走出去"的实力。中铁工业认为，外部需求潜力巨大。与此同时，企业必须做好面对复杂国际形势下的困难和挑战的准备。

第二，中铁工业准确把握行业趋势，认为天时已经来到，必须放眼全球，加紧战略部署，同时着眼建设制造强国，固本培元，化挑战为机遇，抢占制造业新一轮竞争制高点。首先，伴随着中国要素禀赋条件的深刻转变、改革进程的全面深入推进、"新工业革命"影响的日渐显现，以及国际贸易投资新秩序的加快重建，工业经济增长的动力源泉、工业生产的组织管理方式、工业品全球市场的竞争优势、工业行业结构的调整方向等重大问题在新的环境下也呈现出新的趋势性和阶段性特点。国内企业将更多地通过"走出去"利用全球资源和市场，以新的产业组织形式参与全球分工。其次，对外直接投资将快速增

中国科技型企业的担当及创新实践

长,市场导向和研发导向将更加突出——国内企业、特别是大型国有企业将继续通过资源和能源领域的对外直接投资降低资源风险,同时,随着国内技术水平与国外前沿技术水平差距的缩小,国内对海外技术进行吸收消化再创新的难度加大。在这种背景下,除了各行业的领军企业外,将有越来越多的企业通过在海外设立研发机构或并购海外企业,加快利用和整合国外科技资源。最后,随着国内企业的技术升级、产品升级和渠道升级,将有越来越多的企业由过去的来料加工、进料加工和一般贸易向旨在能够更好地满足海外市场的对外投资转型升级。

中铁工业根据自身的特点,对产品领域发展的特征和趋势做了具体分析。比如针对拳头产品道岔,在国外市场方面,全球高铁建设大幕已经拉开,海外市场可期。在钢结构产业,工业先进国家的桥梁大维修市场需求、以发展中国家基础建设需求为主的国际桥梁钢结构市场容量较大,前景可观,其中非洲和亚洲是重点区域市场。在工程机械行业领域,长期收益可寄希望于未来可期的出口增长,同时,强强联合将为工程机械设备出口和行业成长打开新的空间。在国家稳增长政策的驱动下,基础设施建设仍将是未来的重点工作,铁路、城市轨道交通、公路、房屋建筑以及市政等建设市场的发展将扩大工程机械产品的需求。

2

近几年,中铁工业在精准判断中勇敢走向海外市场。中铁工业主产品的海外经营状况如下。

隧道施工设备:研发能力较强,可研制软土、复合、硬岩、泥水、矩形、异型、双模等多种硬岩掘进机及盾构。产品出口至新加坡、印度、越南、马来西亚、以色列、黎巴嫩等国家。收购了国际知名硬岩掘进机供应商维尔特的知识产权和品牌使用权,并雇用原维尔特专家团队,利用其品牌、技术优势开拓欧美市场。

道岔产品：设计先进、质量过硬，拥有自营进出口权，已有多项道岔产品出口到美国、韩国、新西兰、沙特阿拉伯、澳大利亚等国家和地区。取得了美国铁路协会和欧盟的 TSI 认证，拥有了进入高端市场的通行证。

桥梁钢结构：产品制造水平行业领先，制造装备世界一流，技术能力强。取得了美国、加拿大、德国和欧盟的准入认证。并且单独承揽过欧洲、美国等发达国家项目，对国际通用技术标准和商务标准较熟悉。

大型施工专用设备：技术能力突出，长钢轨铺轨机组、轨排式铺轨机组、门式换铺机、梁场搬运机等拳头产品先后出口沙特阿拉伯、埃塞俄比亚、津巴布韦、委内瑞拉等国家，取得了良好的经济效益和社会效益。

3

实际上，不仅仅是中国企业，其他外资在华企业也借助"一带一路"的顺风车，开拓了新的国际市场。特别值得一提的是，中铁工业在"走出去"的过程中，也为当地的经济社会发展做出了很多贡献。

黎巴嫩多数地区处于缺水状态，首都贝鲁特 160 万人口一直饱受饮水难困扰。2014 年，黎巴嫩政府决定建设大贝鲁特引水工程，然而贝鲁特地区地形复杂，沿海山脉底部都是喀斯特地貌，想要建造饮水工程，就必须在这种地质条件下打穿隧洞，而且隧洞直径不能超过 3.5 米。全世界范围内都没有如此小直径的掘进设备，直到 2015 年 3 月中铁装备自主设计研发的世界最小直径硬岩掘进机"中铁 238 号"缓缓破岩而出，黎巴嫩大贝鲁特引水工程施工难度最大、距离最长的 2 号隧道才顺利贯通，终于让黎巴嫩人民免受缺水之苦。

2018 年 8 月，由中铁宝桥参建，被称为马尔代夫世纪工程、中马"一带一路"合作标志性项目的中马友谊大桥正式通车。这座友谊大桥跨越印度洋嘎杜海峡，在该国历史上首次实现首都马累岛、机场岛和胡鲁马累岛的陆路连

中国科技型企业的担当及创新实践

图 6-17　世界最小直径硬岩掘进机"中铁238号"

图 6-18　中马友谊大桥路线全长 2000 米，其中跨海桥梁长 1390 米

接，填补了该国经济发展的一个巨大空缺。马尔代夫政府在首都马累举行盛大仪式庆祝这一历史性时刻。马累当地成千上万居民来到位于中马友谊大桥旁的公园，共同见证马尔代夫百年梦想的实现。在庆祝仪式演讲中，马尔代夫总统两次用中文表示对中国的谢意。

孟加拉国帕德玛大桥，横跨孟加拉国帕德玛河，全长 7.7 公里，上层是双向四车道公路，下层为单线铁路，是孟加拉国目前规模最大的造桥工程，也是首个采用欧洲标准的全焊结构、超厚板、公铁两用钢桁梁桥。中铁山桥承制了全部桥梁钢结构 12.58 万吨生产制造任务，从 2015 年 10 月钢桁梁首跨生产制造正式投产到 2020 年 12 月 10 日大桥成功合龙，制造周期历时五年。中铁九桥承制了大桥工艺试验桩以及主桥钢管桩约 14 万吨，电缆桩约 1.8 万吨。帕德玛大桥项目建成后，把孟加拉国南部 21 个区与首都达卡相连，彻底结束孟加拉国南部 21 个区与首都达卡、孟东部和北部之间客货运跨帕德玛河千百年摆渡往来的历史，大幅改善了孟加拉国交通状况，提升了地区互联互通，促进了孟加拉国乃至南亚地区的经济发展。

激活历史的奋斗记忆，发扬"和平合作、开放包容、互学互鉴、互利共赢"的丝路精神，探寻 21 世纪人类共同价值体系，建设人类命运共同体——这是中国科技创新型企业主动承担起来的全球责任，也将不断激励中国企业勇敢走出去，勇敢而自信地表达。

图6-19 中铁宝桥承担了中马友谊大桥全部钢梁加工制造任务

图6-20 中铁九桥提前完成了帕德玛大桥主桥钢管桩工厂制造的节点工期目标

专家提点 | 张柏春 中国科学院自然科学史研究所研究员，南开大学科学技术史研究中心主任

2008年世界金融危机以后，全世界更加重视实体经济。实体经济中，最重要的是制造业。日本和德国都以制造业为优势产业，二者的制造业加起来基本上相当于美国的制造业。一个国家如果制造业不行，就不易跻身世界强国行列。

拍拍那些为"大国重器"配套的企业的肩膀

中国创新型企业的转型升级需要整个产业链条上的企业以开放共赢的态度，协同作战，共同进步。

配套强，主机就强，每一位秉承国家使命的工业人，都在各自的空间，用各自的姿态，拼尽全力，充分准备，努力探索一条工业高质量发展之路。

1

2017年5月5日15时19分，C919大型客机在上海浦东机场圆满首飞。航亚科技是C919发动机联合研发企业之一，主要负责研发、生产发动机

中国科技型企业的担当及创新实践

图 6-21　在航亚科技展示的飞机核心零部件宛如艺术品

图 6-22　产品特写

中制造、生产难度最大的压气机叶片。同时，航亚科技产品还包括飞机发动机众多部件的制造生产，如机匣、整体叶盘、涡轮盘等转动件及结构件。

航亚科技不仅为 C919 提供发动机零部件，还是航空发动机厂商赛峰、GE 航空的航空发动机零部件供应商。随着航亚科技产品技术水平的不断提高，以及下游整机厂商和部件厂商对航亚科技认识的加深，其营收近年来突飞猛进。

眼下，航亚科技正在打造一套科学的制造技术体系。许多同行都不解，为什么处在创业之初的航亚要首先建立一套看起来很美，却短时间内对增效无益的制造技术体系。

原来，这源于航亚科技董事长严奇的一次参展经历。在有一年的巴黎航展，严奇发现不少飞机零部件制造企业介绍自己的时候，往往不讲装备和产品，而是大力鼓吹企业的精益生产体系是如何驱动企业发展和创新的。懂得其中奥秘后，严奇就决意把打造先进的制造技术体系作为企业奋斗的首要目标。严奇讲："我们的创业初心是实业报国。还是希望把自己的工业的经验、工业的技术更好地服务于国家的战略。"

这个磨合过程当中自然产生了一些争议，但是很快创业者们统一了认识，最终促成了产品的开发。从 2016 年 3 月 LEAP 发动机的叶片开始研制，到

图 6-23 航亚科技一尘不染、洁净如新的车间

2019 年年底，航亚就向赛峰集团累计交付了 70 万件精锻压气机叶片。2018 年 9 月底在亚太地区的供应商大会上，航亚作为一个新供应商，获得了亚太地区卓越供应商 – 践行承诺奖的荣誉。如今严奇带领他的团队，持续增强压气机叶片、整体叶盘、机匣、涡轮盘四大类航空发动机关键零部件的工程化及产业化能力，并逐步形成发动机关键组件、单元体的工程技术与制造能力。有底气这样做，得益于制造技术体系的建立。

在航亚，和严奇一样有大型国企或相关上市公司多年管理、生产和技术经验的人有很多，团队理解并信奉专业化发展理念，善于将工程技术和专业管理紧密融合。

难以想象，有这样一批创业者，不做只为赚钱而活的企业，怀揣家国情怀，直接进入"精锻叶片"高段位市场，以努力拼搏的姿态，助力国产大飞机事业。

2

中国株洲，一座传统老工业城市正在发生蝶变。

这里不仅有汽车、轨道交通、航空航天、服饰、陶瓷等极具规模的优势产业，而且还有为高端制造服务的发达配套商，有的配套商甚至在全国市场占有垄断地位。

株洲钻石切削刀具股份有限公司就是其中之一，这里生产的刀具并非普通刀具，它是硬质合金刀具，号称"工业之齿"。通过自主创新，株洲钻石已开发出航空航天 30 个具有自主知识产权的新产品系列，建立了国产钛合金、高温合金用高效可转位刀具体系，成功替代了 20%~30% 的国外刀具。

但这并不是他们的最终目标。

眼下，株洲钻石正在与中国机床领域的新生力量科德数控、北平机床等企业合作，研发柔性制造单元运行监测系统。

3

恒立是一家闷声发大财的企业。早在 10 年前，它就已经成为全球最大的盾构机配套油缸研发生产企业。恒立通过不断地开发新市场新领域，在 2013 年 3 月，与国外知名盾构制造企业签订了 12 套盾构机配套油缸的订单合同，并于当年顺利交付客户。

在对多种盾构机油缸型号的开发和生产过程中，恒立经过多年的努力，攻克了该系列油缸在生产过程中二十多项技术和工艺难题，获得了多项该系列油缸的高新技术产品认定和技术专利。现在恒立已经制定出一套完善的盾构机油缸研发生产的工艺流程和质量管理方案。

从无到有，从有到强，在多年的奋进历程中，恒立拥有了赫赫战绩，见证了许多精彩难忘的历程。在盾构掘进装备行业，更是成为研发制造全系列盾构机和 TBM 配套液压油缸产品的佼佼者，全球的市场占有率位居前列。在"中国之首""世界之最"的盾构和 TBM 项目中，几乎都有恒立的油缸产品配套。

2017 年，中铁装备成功自主研制了全国首台 15 米级超大直径泥水平衡

第六章 协同的共鸣

图6-24 全国首台15米级超大直径泥水平衡盾构机下线场景

图6-25 全国首台15米级超大直径泥水平衡盾构机成功贯通汕头海湾隧道

盾构机，用于汕头海湾隧道项目，恒立为该项目提供了全套油缸支持。

制造强国战略的实施，对中国民族产业而言，是很好的机遇。每位企业家都在布局和实践，希望通过自身对智能制造的创新实践，助力国家富强。

拍拍那些为国企配套的民营企业的肩膀，他们拥有非凡的勇气和敬业的精神。

服务国企　共同成长——专访国能中电白云峰

近几年，北京的蓝天数明显增加，尤其是到了取暖季，前几年那令人窒息的重度雾霾天几乎没有再出现了。

大气污染的改善，得益于党中央国务院打响的"蓝天保卫战"，得益于污染防治技术的不断创新，当然也离不开相关企业的持续努力。

在环保行业中，国能中电能源集团公司名声在外。这家创建于2006年的企业，在超低排放技术体系、烟气污染物协同脱除、烟囱防腐等方面拥有多项先进技术，在电力行业已经累计执行环保项目200余个，在钢铁领域已经累计

中国科技型企业的担当及创新实践

执行环保项目13个，这些项目每年可减排污染物约150余万吨，其中二氧化硫约100万吨，氮氧化物约20万吨，粉尘约30万吨。

与国能中电相比，其董事长白云峰的名头更大。

1995年，20岁的白云峰被分配至北京热电厂工作，21岁担任北京热电厂团委书记。后在华北电力集团、神华集团国华电力工作，2006年出任北京博奇电力科技发展有限公司CEO，并在2007年带领公司在东京证券交易所主板上市。目前他是最年轻的CCTV经济年度人物。2011年12月，白云峰创建国能中电，致力于从源头解决环境污染问题。

《国资报告》记者注意到，国能中电虽是民营企业，却与国有企业有着深厚的渊源：脱胎于国企、服务于国企，且引进了多家国企投资，并联手完成了多个环保项目，堪称"国民"共进的典范企业。

"国能中电将以更先进的技术和更专业的服务，助力国有企业在打赢污染防治攻坚中发挥更大作用。"白云峰在接受《国资报告》记者采访时如是表示。

部分民企遇到困难是中国经济转型升级的必然阵痛

《国资报告》：近两年来，一些民营企业遇到了困难，有的被国企并购。作为民营企业家，您如何看待这一现象？

白云峰：一定程度上是受到了国际国内经济局势的影响，但主要还是因为自身存在问题，无法适应国家经济转向高质量发展进程和变化而导致的。大家都说，民营企业有灵活机制，但同时也要看到一些固有问题。中国经济高速发展多年，相当一部分民企是通过多加杠杆的方式快速做大的。这种资本堆砌而成的虚胖，平时看起来很好，但经不起风浪。

这两年来，国内金融政策收紧，各级各地都在去杠杆。那些仍然保持旧的发展模式的企业自然就感受到了压力，甚至出现断血。短期来看，确实是阵痛，但是长期来看，这是中国经济必须经历的一个转型阶段。

在此过程中，其中一些企业因为业务本身还不错，具有不错的市场竞争力，被国企收购也好，控股也好，都是企业应对经济下行压力的主动选择，无所谓好坏之分。

《国资报告》：您觉得民营企业未来应该更加注意哪些问题？国能中电这两年的发展怎么样？

白云峰：我觉得无论国企民企，都应该更加重视创新能力的提升。这是企业竞争力的核心。

国能中电成立以来，创新始终是核心词。这既是企业的主动选择，也是环保行业发展的必需。当前，环保产业已成为国家的支柱产业，但面临不少技术难题，等待我们去突破。这个过程充满了坎坷，但我们所做的事，是有利于国家、社会，有利于环保，有利于公司发展的，没有什么能让我们畏惧和退缩。

为了提高创新能力，国能中电实施分层管理。日常的技术改进，由项目现场人员负责；引进技术的消化，由公司研发中心负责；重大的技术突破，则要与高校、科研院所、国际公司和机构等第三方共同完成。前不久，我们就把中科院煤化所的两项863成果进行工业转化，应用在山钢集团日照精品基地项目的超低排放上。

得益于对科技创新的高度重视，灵活的企业机制，国能中电这些年取得了一批重大科技创新成果，并成功地投入到实践中。

比如，生物质发电是国家很重视的清洁能源，但是发展艰难，因为复合发酵和供应方式问题没有很好解决。为此，我们集成了这一领域的所有先进技术，比如荷兰的复合发酵技术、德国的分布式处理技术，并用日本的菌剂提高发酵能，最后用中国石油的提纯技术，在此基础上进行了整合创新。目前，应用这一技术的江苏淮安国峰清源生物燃气有限责任公司生物天然气、有机肥项目已经投产,实现了作物秸秆、厨余垃圾、养殖和园区废弃物的一体化处理,并以分布式的方式并入当地管网,根据客户需要提供电力、热能等多种产品。最后的沼渣沼液处理后,还可以作为有机肥,有效改善耕地长期使用化肥导致的土壤板结问题。

农村的垃圾处理难,城市同样如此。现在想在城市建设大型固废垃圾处理项目难度很大。广州白云区提出,希望把餐厨垃圾分街道就地处理。为此,我们生产了一批效率高、体型小的垃圾处理装置,可以在垃圾中转站做到就地处理,当天解决。现在我们正在生产性能更好的二代产品。

由于我们不断跳出舒适区,始终勇于创新,所以国能中电完成了从一家环保工程公司向高科技环保能源集团的产业结构转型。

国企、民企各有优势,应进一步深化合作

《国资报告》:您曾经在国企工作多年,又创业多年。您如何看待国企、民企之间的关系?

白云峰:应该说,国企、民企是分工明确,各有优势。国有企业管理规范,民营企业在提供创新产品、服务方面具有很强的竞争力。希望不要戴有色眼镜看民企,老觉得民企是家族企业、草台班子。实际上好的民企高管素质并不差,其中好多都是从国企过来的。我们希望,国企和民企之间人才流动的旋转门打开,让优秀的民营企业家也有机会进入国企工作。

在业务上,国企、民企之间也有很多合作的机会。比如环保产业,如果细分的话,是特别细致的,大的门类包括气体污染防治、水处理、固废垃圾处理等,每一家企业都不可能包打天下,需要合作突破。

据我所知,有30多家央企涉足这一领域,具体的法人单位可能超过一千家。其中很多没有技术积累、行业资质,为了短期内能有所作为,就花钱并购所在领域的民企。

这些年来，国家提倡混改，这是发挥国企、民企双方优势的重要方式。但是，有些国企一定要追求控股地位，结果混改后民企的灵活机制被破坏了，得不偿失。

国能中电是国民共进的典范企业

《国资报告》：您刚才提到，环保领域的混改项目很多，国能中电是否参与其中？跟国有企业的合作有哪些形式？

白云峰：国能中电集团虽然是一家民企，但与国有企业渊源很深。

首先，我们脱胎于国有企业，最早我们团队前身是国企改革脱困时剥离的三产，我们进行了MBO（管理者收购）。所以，国能中电的基因中天然地具有家国情怀、规范意识。有了这样的企业文化，我们跟国有企业的合作就非常顺畅。

其次，我们引入了大量的国有资本，集团所属的企业和投资项目基本都有国有企业股权。比如，国能中电环保公司是红杉资本、光大集团等联合投资的，其中光大是第三大股东；前边提到的江苏淮安国峰清源生物燃气有限责任公司生物天然气、有机肥项目，是我们的国峰清源生物能源有限责任公司联合国投创益投资的。

更重要的是，我们几乎所有的服务对象，都是国有企业。

《国资报告》：为国企提供的服务中，有哪个项目是您觉得特别成功的？

白云峰：比如，环保公司投资的山钢日照年产850万吨钢基地烧结机/球团机烟气脱硫脱硝除尘BOO项目（碳基催化剂一体化脱除技术）就是我们为山钢集团量身定做的。

当前，电厂的减排技术已经非常成熟，但钢铁、冶金、化工行业还面临重大挑战。理论上，电厂的超低排放技术也能直接用于钢厂，但会明显增加钢厂成本。为此，我们前后投资十多亿元，在山钢集团日照钢铁精品钢基地建立了一套世界领先的处理装置。该装置一步处理到位，没有二次污染，可以实现二氧化硫的二次利用。2019年年底，经第三方检测完全达到超低排放标准。听到这个消息，我偷偷在办公室里激动地哭了，这是送给全体国能人最好的新年礼物。未来，随着装置的稳定运行，这项技术会越来越成熟，将为打赢大气污染防治攻坚战做出重要贡献。

我们还在日照钢铁精品钢基地，以BOT的方式，投资建设了两台35万千瓦燃煤发电机组，作为企业的自备电厂。这个应用了很多创新技术的火力发电厂，不仅仅是国能中电发展的压舱石，也是火电行业的一个标杆项目，这个项目成套使用了上海电气的先进设备，纯发电机组供电煤耗指标为每度电290克煤（业界平均值为340克左右），这个指标在国际上都是领先的。

《国资报告》：在与国有企业合作的过程中，您有哪些感受？

白云峰：无论是股权合作、业务合作，感触都很深，大概有这样几条。

一是要认真筛选合作伙伴。对于我们来说，我们选择国企主要看业务协同需求，而不是为了"抱大腿"，虽然有了国企的投资，确实可以提高企业的征信级别。对于国企来说，选择国能中电，更多是因为我们的技术创新能力、项目发展前景。正因为如此，我们才能在合作中始终占据主动地位，国企对我们的投资也都是参股形式。

二是要尊重市场规律。国企对国能中电的投资，都是通过现代企业制度发挥作用，按照章程办事，双方合作很愉快。但我们也发现，有些国企的市场化意识仍然有待提高。比如，发电行业的央企基本都有自己的环保企业，这些企业出不来，我们也进不去。只有断了奶，才能看出企业竞争力。

三是要真正落实容错机制。科技创新充满风险，能有一半成功就很了不起了。无论国企、民企，如果在这方面没有大的突破，创新就会面临很多制约。国能中电对科研人员充分信任，建立容错机制，鼓励大家放开手脚，激发了科研人员的创新活力。有些国企在这方面的表现也非常出色。比如，山钢项目是没有前例的完全创新,他们能够给我们提供一次产业化试验的机会,决策者要冒很大风险。但如果不这样,科研创新成果就没有产业化的可能。

回归中国企业概念,呼唤公平竞争环境

《国资报告》:多年来,总有观点要把国企、民企对立起来,认为两者此消彼长,甚至零和博弈。跟国有企业合作这么多年来,您如何看待"国民"关系?

白云峰:在观念层面,我希望回归中国企业概念。我们提到美国企业、英国企业,不会刻意强调他们的所有制身份,实际上这些国家也都有国、民之分,但是好像我们都不太关注。那为什么中国企业就一定要强行分开呢?我认为,无论是大还是小,是公还是私,都是中国企业,要心怀家国,在中国经济转型升级中承担自己的作用。

在执行层面,要想真正消除大家对国企、民企话题的议论,就要实施真正的竞争中性原则,营造公平的市场竞争氛围。对国有企业和民营企业,应该统一标准、统一待遇,谁都不能搞特殊化。有关部委召开座谈会,问在座的民营企业有什么政策需求,我说,在座的分布在各行各业,需要的政策都不一样,大家都有政策了,就等于没有,还是要让企业回归市场。

更重要的是,金融行业更应该统一标准。我们希望得到以银行为代表的金融行业的市场化对待,而不要一刀切。

最后,很期待竞争中性原则进一步落地,国有企业和民营企实现共赢发展。

(《国资报告》记者 刘青山)

PART 3

第三部分

人类的触角，
时代的声呐

第七章

创新的底线

工业戏法：绿水青山如何变成金山银山

建设美丽中国，必须有工业做坚强后盾

航天科技助力双碳减排

中铁工业为什么要打造一家专门做环保的全资子公司？
是"改善生态环境 建设美丽中国"的使命和建设"绿色中铁"的理念使然。
在倡导"双碳"、建设美丽中国、"青山绿水就是金山银山"理念的深刻影响下，
在中国，无论是国企还是民企，都以国家所急、人民所需作为企业责任，努力创造美好生活。

生态保护、节能减排是时代大势。
所有的技术创新必须有环保底线，
不能为了创新而破坏生态、损害人民的利益。
创新的环保底线是不能触碰的，
在高质量发展的今天，要有一颗敬畏之心，守住创新底线。

ECHO

第七章　创新的底线

工业戏法：绿水青山如何变成金山银山

双良遇到"双碳"，碰撞出流光溢彩。在坚持"绿水青山就是金山银山"的环保理念下，通过技术创新与绿色实践，将社会效益、生态效益和企业自身经济效益有机结合——双良做到了。

十年前，双良集团总裁缪双大曾说："如果企业不坚持创新，就要被同行淘汰，被市场淘汰。民企不是骑在马背上，而是骑在虎背上。""只有向前一条路可以走。"今天看来，正是双良四十年来一直在锤炼本领，专心致志只做一件事情，才练就了过硬的创新技术。

1

实现余热的价值，是双良的节能之道。1985 年，双良生产出第一台拥有自主知识产权、性能指标达到国内同类产品先进水平的溴化锂制冷机，以蒸汽、热电厂余热为动力，为建筑物提供制冷并为工业领域提供冷水，解决了电力短缺带来的矛盾以及热电平衡的重大问题。从那时候开始，双良就开启了自己的绿色节能事业。

溴化锂吸收式制冷技术最强的生命力和竞争力在于余热利用。在近 40 年专注与创新中，双良以溴化锂吸收式换热技术为核心，延伸出工业余热利用系统、冷热电联供分布式系统、吸收式热泵余热回收供热系统、烟气冷凝热回收节能系统等，回收利用各工业领域低品位余热，将生产工艺中的废蒸汽、废热水、废烟气转化为有价值的能源。

在工业余热利用领域，双良有个"石油化工行业典型案例"——江苏斯尔

图 7-1 溴化锂吸收式制冷技术现场

邦石化有限公司醇基多联产（EVA）项目。双良回收利用管式法 LDPE/EVA 装置中的余热制取低温冷水，满足工艺需求，替代常规电制冷或蒸汽制冷，实现节能减排。该项目节约标煤 12052 吨 / 年，节约电能 3013 万度 / 年，减排 CO_2 30010 吨 / 年，减排 SO_2 265 吨 / 年，减排 NO_x 452 吨 / 年。

在分布式能源利用领域，双良已成功投运了包括河北华电石家庄第一医院、湖南湘江欢乐城、广东珠海横琴、武汉国际博览中心、国家会展中心（上海）、上海迪士尼乐园、中石油数据中心、北京火车南站、意大利米兰国际机场等在内的 300 多个冷热电联供分布式能源站，在分布式能源领域做出了突出贡献，连续 7 年获得"中国分布式能源优秀项目特等奖"。

值得一提的是，国家会展中心（上海）通过双良余热回收核心技术，利用发电机组排放的高温烟气和高温冷却水来进行制冷、制热，实现能源梯级利用和高效利用，使一次能源综合利用效率提升一倍，达到 87.3%。

亚洲最大高铁站雄安站是双良锅炉公司供热能源站的精品工程。雄安站项目采用了 3 台 46MW 大型模块组装燃气热水锅炉，可满足高铁站片区 402 万平方米供暖需求。项目产品还被列入国家节能机电设备推荐目录、"能效之星"产品目录。

面向供暖系统、工业系统、民用领域的双良环保锅炉系统，以智能化、模块化享誉业界，助力国家煤改气、煤改电政策推动，已经迅速进入北京集中供热领域，先后应用于仁和热力、大龙热力、天利热力以及实创热力等，实现锅炉产品从小型供热向大型集中供热领域的跨越，并以其超低氮、高效（冷凝）、模块组装、质量可靠、现场管理容易、安装周期短、可移动、占地小、锅炉房投资小等优点引领了行业发展。

在空冷节水领域，双良采用空气冷却代替传统水冷却，用于发电机组和工艺流体冷却，节水率85%以上。由双良先后承建的新疆信友奇台、宁夏华能大坝、蒙能锡林热电、陕能麟北、国电双维、科右中电厂6个项目12座全钢结构间冷塔，不断实现技术新突破，也不断刷新行业标准和相关纪录，为中国火电企业应用确立了典范。在国家节约水资源和构建节约环保型社会的需要下，双良开发的节水消雾型工业循环水冷却系统，在实现消除冷却塔出口白雾的同时，减少了传统冷却塔的蒸发耗水量和污水处理量，提高了循环冷却水的使用率，有效节约了水资源。目前，双良节水消雾型循环水冷却系统已服务国内新疆、内蒙古、河北、山西、北京等地数十家工业企业。同时，产品也走出国门，在博茨瓦纳、马来西亚、苏丹、约旦、墨西哥等国家当地项目中成熟运用，在以品牌、技术和服务积极开拓海外市场的同时，向世界分享了中国企业在节水环保领域的经验智慧。

在不断焕发溴冷机余热利用领域强大生命力和竞争力的过程中，双良不断开拓企业绿色发展新空间，成为全球领先的节能系统集成商。双良能源环保装备还涵盖了高效换热系统、空冷节水系统、新能源装备系统、环保锅炉系统等领域。

在已夯实的基础之上，双良结合产业深耕挖潜，将业务范围延伸到节能改造、能源托管、合同能源管理和区域综合能效服务，进入能源管理领域，从而在"节能、节水、环保、智慧能源"领域确立了自己的核心竞争力。依托自主创新能力、市场基础、系统集成能力和全面数字化等优势，双良着力实现从能源设备制造商向能源系统集成商和综合能源服务商转型发展。

2

近十年,双良有不少新变化,着重体现在新材料、新理念和新布局方面。

"光催化网"作为双良环境的治水核心"利器",在材料和结构两方面都进行了技术升级。产品表面材料是通过特定工艺制备的粒径小、比表面积高、稳定性强、催化活性好的新型复合纳米材料。另外,采用"异质间高效量子转移技术",使其具有太阳能吸收效率高、水体净化能力强等特点。

"水环境治理与水生态修复"与传统的修复理念不同。在过去,我们治理河道的方式方法比较传统,大工程治水,结果并不理想。而双良的新技术——"PMAES技术"是从生态自组织重建的角度出发,通过光催化人工介导,帮助水体向健康稳定水生态的方向发展。在"科技与自然共力修复"作用下,激活底泥种子库,加速稳态转换,实现水生态系统从藻型浊水稳态向草型清水稳态转换,最终构筑具备自净化能力的健康自然水生态系统,从而达到短期内水质提升,中期生态指标改善,长期生态恢复自愈自洁,提升水环境治理的长效价值。

在洱源西湖水生态修复项目中,治理的目标是湖泊整体水生态修复。原来湖泊蓝藻水华泛滥,经过治理后,藻密度下降70%,蓝藻门下降84%,抑藻效果显著,有效调整了藻类结构。水质改善的同时,水生态得到恢复,水中底

图 7-2 用"光催化网"技术治理后的河流

栖生物密度上升3倍，生物多样性指数上升1.6倍，水中鱼虾成群，水下森林茂盛，加快了水生态系统的良性循环。这样的水是富有生命的，通过水生态系统的重建，达到水体自愈自洁的长效治理状态。

在生态环境方面，双良使用了"碳基生物有机肥"。双良旗下元泰丰的包头生产基地具有年产60万吨碳基生物有机肥生产能力。

通过多年多省区多种作物规模化种植应用，双良实现了水果、蔬菜、药材、花卉、粮食和经济作物的普遍增产和品质改善，尤其在解决农业难题，如重茬病害、连作障碍、土壤板结等方面成效喜人，并以碳基生物有机肥改善土壤生态和环境的特色属性，在维持农业可持续发展方面取得了瞩目成绩。就"清洁能源与有机农业融合技术示范项目"，双良还与联合国开发计划署（UNDP）达成合作，通过BGF（煤基生物天然气和有机肥）技术的推广应用，为促进环境保护和有机农业发展以及实现联合国可持续发展目标（SDGs）贡献力量。

在新能源替代方面，双良也做了创新尝试。众所周知，多晶硅不仅仅是光伏产业的基础原料，也是半导体行业电子信息基础材料。作为国内主要多晶硅行业核心工艺系统集成商，伴随多晶硅行业新一轮热潮，双良依托深厚技术实力和领先生产能力，持续研发还原炉、还原模块、特种换热器、溴化锂制冷机等关键生产设备，与新特能源、通威、大全等知名晶硅生产企业建立密切的战

图7-3 碳基生物有机肥生产现场

中国科技型企业的担当及创新实践

略和业务合作关系,在协作创新中共同推动国内光伏产业发展。

在高效换热系统方面,双良作为主力供应商,在多晶硅领域,提供传统管壳式换热器、非标特材高端换热器;在能源化工领域,与韩国现代工程成功签订波兰项目,并成功运行;在地热发电领域,双良开拓了海外地热发电 EPC 公司及电力公司,如意大利 EXERGY 公司、TURBODEN 公司,土耳其 EGSIEM 公司,日本三菱公司等,成功签订并运行多个 ORC(有机朗肯循环)地热发电换热岛项目。

在清洁能源多元供热方面,双良已经掌握和应用的新能源技术达 23 种——天上取能(光伏发电、光热供热),地下取能(浅层水源、浅层地源、中深层水源、中深层地源、超长重力热管取热),地面取能(电厂抽蒸汽热电联产、电厂余热回收、工业余热回收、污中水源热泵、蒸发冷却空气源、燃气驱动空气源、电驱动空气源、泳池式低温核供热供蒸汽堆、高温气冷供热堆、高压电极锅炉、燃气热泵回水降温取热、固体电储热、相变储热 、活性生物质颗粒燃料锅炉、燃气烟气冷凝热、燃气红外辐射能),实现了新能源间的优化组合、联合应用、因地制宜,从而满足了不同区域、不同城市的清洁能源集中供热需求。

山西是我国重要的能源基地,能源资源及其开发产业对于防范化解重大风险、支撑经济持续增长具有不可替代的战略意义。

作为山西转型发展关键一招、总规划面积约 600 平方公里的山西转型综合改革示范区的科技创新城的核心区域,有一座绿色低碳高效能源岛,它由双良慧居科技旗下领军企业——山西双良再生能源产业集团自主设计建造,集合了多种绿色可再生能源,用来为山西科技创新城核心区提供采暖热源、冷源和生活热水,覆盖供热面积约 106 万平方米,制冷面积 20 万平方米。科技创新城 1 号能源岛,在 70% 的供热采用地热能应用技术之外,还集合应用了相变储热、燃气空气源吸收式热泵、电驱动压缩式空气源热泵、燃气、烟气冷凝热、蒸发冷却以及太阳能光伏、光热等新能源、可再生能源新技术。其在清洁能源立体取能、综合利用、多能互补的突出优势,以及山西双良在新能源行业领域的积极探索和卓越贡献，都得到了国家、省、市领导的普遍肯定和高度赞赏。科技创新城1号能源岛的成功，不仅确立了地热能开发应用的"双良模式"，为山西能源革命走出一条新路径，更以打造绿色供热样板，为供热行业的技术创新、能源革命带来重要启益。目前，在山西综合改革示范区内，已建设起7座绿色能源岛，不仅是工业应用领域，越来越多的城市居民也将享受到绿色集中供暖的福祉。

储能是解决可再生能源消纳问题和保证电网稳定运行的关键环节。在储能领域，作为承载自主研发和产业孵化功能、驱动双良技术领先的重要"引擎"，双良低碳产业技术研究院与双良锅炉合作研发了10千伏、0.4千伏固体蓄热电锅炉和高温氧化钙热化学储能系统，使储能系统每千瓦时投资成本降低到100元以下。在国家"碳达峰，碳中和"大背景下，双良与上海交通大学工程热物理研究所/中英国际低碳学院达成战略合作，以储能系统示范应用为载体，结合自身多年来在智慧能源领域开发智慧运维平台和节能技术的丰富经验与优势，共同构建储能系统产学研合作平台。在物理储能技术领域，双良换热器事业部、国际事业部与意大利ENERGY DOME公司合力发展液态CO_2储能技术，为用户定制研发了两台超临界液态CO_2储罐。

终端电气化是构建以电为中心的终端能源消费格局、加快推动能源清洁低碳转型的重要抓手。"双碳"目标驱动之下，电能在终端能源消费中的占比将大幅提高。实施电能替代为许多行业减少二氧化碳排放提供了十分便捷有效的方法。在电能替代领域，双良锅炉推出10千伏高电压等级浸没式电极锅炉、真空相变电极锅炉等产品，其出水温度可达180℃、蒸汽压力可达5兆帕以上，热效率不低于99.5%、实现零排放供热。

值得一提的是，双良锅炉助力"一带一路"的煤改电项目大放异彩。2020年6月，双良锅炉承接的11台高压电极热水锅炉（8兆瓦、16兆瓦）及12000立方米储热罐组成的分布式能源岛系统性工程，不仅有效缓解了新疆维吾尔自治区电力供需矛盾，而且每年可减少3.5万吨煤炭资源消耗量，节能减排效果显著，并且能够有效消纳当地光电和风电资源，对深化清洁能源供热，促进能源转型，提高可再生能源消纳及供热可靠性具有标杆意义。该项目也成为双良锅炉向电能替代与多能互补迈出的坚实一步。

3

数字化、智能化是产业升级、商业模式创新的基础，是企业重塑增长的驱动力。立足生产、研发、市场基础能力之上，双良正全面推进实施数字化，着力实现数字化管理升级、数字化经营升级、数字化商业升级，实现整体数字化目标。从经营管理到商业模式，再到智能工厂建设，在深化推进和落实中，塑造核心竞争力，打造一流领军企业，最终建立起一个企业生态体系的数字化平台，实现市场开发与服务数字化，供应链协同数字化，并以数字化引领能源集成服务，以数字化实现集中、协同、共享。

双良不断提高服务水平，发挥核心技术优势，为客户提供高技术含量、高可靠性要求的系统解决方案，并进军智慧能源管理领域。在稳步推进数字化战略进程中，双良打造了"数字化服务管理平台""数字化产品信息管理平台""数字化营销平台"以及"数字化应用平台"。

作为中国首批服务型制造示范企业，江苏省首批工业互联网五星级上云企业，双良利用新一代信息技术，在实现能源价值最大化的基础上，通过人工智能、大数据和云平台构建产品智能化、系统智能化、运维智能化三位一体的智能化发展格局，创新形成"专家+管家+互联网+"的服务型制造模式，凭借自主制造装备、集成优化设计、运维服务保障、智慧能源管理四大核心能力，为用户在公共建筑能源服务、工业余热利用、分布式能源冷热电联供、多能互补清洁供热等重点领域提供智慧高效的能源管理路径和全生命周期运维服务，打造智慧城市、节能城市，为城市发展创造价值。

其实无论是新材料的研发和使用，还是新理念的贯彻和执行，都是基于双

第七章 创新的底线

图 7-4 数字化产品信息管理平台展示

良集团的全新战略布局。近几年来，双良加快推进高端制造、智能制造、服务型制造转型力度，以数字化战略引领高质量发展。加快从设备制造商向系统集成商、投资运营商和能源环保服务商转型。

4

分享两个案例。

第一个案例：双良获得茅台酒厂奖杯。在茅台酒厂内负责为烤酒提供滚热蒸汽的动力车间锅炉房，30 台共计 730 蒸吨的双良高效燃气冷凝锅炉，为享誉世界的茅台酒生产线提供动力保障。燃气热效率达 95% 以上，每年减少二氧化硫排放 9546 吨，一氧化氮排放 3439 吨，二氧化碳排放 102.4 万吨及固体煤渣约 2.88 万吨，为酿酒工艺所需要的特殊生态环境要求提供了有力保障，实现了减少废气排放和节能降耗的双丰收。双良还通过设备上云，节约 60% 人工、80% 占地，实现供热、燃气一体化，综合成本下降 20%，实现设备健康度体检在线实时评估；设备故障隐患确诊率 100%，全年无重大故障发生；现场响应速度提高一倍。双良也因此获得茅台颁发的全国供应商"最佳质量奖"。

众所周知，茅台酒乃至茅台镇赖以生存的大背景就是赤水河的健康发展。为保护赤水河生态，实现宝贵水资源循环利用，双良以高质量高效率先后完成并成功投运茅台一期中华片区冷却水循环利用环保提升项目、二期老厂区制酒车间冷却水循环利用环保提升改造项目。双良混沌承接智慧能效云平台项目，针对酿酒行业出现的产能不足、能效低、管理困难、运维成本高等普遍性痛点问题，提出可视化解决方案。平台建立在自控网络的基础上，创造性地调整了冷却系统的控制策略，从能源站系统中取得原始运行数据进行科学分析，生成各种分析报表，形成能源站系统能耗管理、质量监测和评价体系，总结运行规律，制定运行调度方案，适时调整系统运行。

茅台智慧能效云平台应用后，茅台酒厂酿酒工艺实现了标准化、精细化流程操作，综合节省至少 30% 的能源消耗，循环冷却水节水率达到 90% 以上，运维人员减少 60%。项目二期增加了 XY 算法，算法效果额外节水 71%，节电 37%，生产效率全面提升，促成了酿酒传统工艺坚守和环保标准提升相融合，有效帮助茅台集团减少碳排放量，符合国家建设资源节约型、环境友好型社会的愿景。该案例为白酒行业客户树立了数字化循环水冷却整体解决方案典范的同时，也充分说明了双良混沌能源管理数字化平台在助力"双碳"目标达成的道路上具有出色的跨界应用能力和兼容性。

在"双碳"目标驱动下，双良低碳产业技术研究院还从提高可再生能源比例、工艺节能提效维度为茅台制定了贴合的碳中和技术路线。这个案例，历经 10 年，经过了时间的考验。

图 7-5　茅台智慧能效云平台画面

第二个案例：公建领域的典型——浦东机场项目。2021年3月1日，双良正式开启上海浦东国际机场1号能源中心三年智慧运维服务。1号能源中心智慧运维项目的成功拓展，开创刷新了双良智慧运维单项体量之最、业务类型之最、服务合同之最，为建立机场行业市场拓展深度及后期智慧运维管理升级再树新标准、新高度、新示范。

目前，上海浦东国际机场、成都双流国际机场均成为双良在机场服务领域的典范。双良通过智慧运维管理，为中央空调系统安全、健康、稳定、高效运行保驾护航，极大发挥出了智慧运维管理平台的优势，实现重点场所无人值守、远程运维，同时通过设备在线、数据出差实现现场监测和诊断，为不同层面提供先进的能效提升、室内空气品质提升、资产管理、物业管理的整体解决方案。在确保稳定、持续、舒适供能的基础上，大大降低了综合能源消耗（水、电、气），综合节能率达到20%以上。

人民奔向小康，离不开吃穿住行的方便和幸福体验感。在这四个方面，以双良为代表的环保企业尽最大努力，为人民提供便利和舒适感。在所有能源中，节能被公认为是除了煤炭、石油、天然气、电力之外的"第五能源"。双良在第五能源领域不断奋斗、奋进。在双良集团的志向本上，它这样定位自己——以智能化、服务化、高端化为引领，推进绿色化产业升级，向着"健康双良，国际双良，始终做一家受人尊敬的企业集团"的美好愿景不断迈进。骑在老虎背上，有两种结局：第一种骑虎难下；第二种成就英雄。双良是后者。祝福双良美梦成真，我们盼望有更多的像双良一样的企业，通过脚踏实地的执着创新，强国富民，把绿水青山变成真正的金山银山。

专家提点 | 张柏春 中国科学院自然科学史研究所研究员，
　　　　　　　　　　南开大学科学技术史研究中心主任

历史上，许多发达国家在工业化过程中都走过先污染、后治理的路子，教训很多。例如，伦敦污染严重的时期，有钱人要到乡下去住；莱茵河曾深受污

染之害,被称作"德国的下水道"。当然,经过治理和技术创新,伦敦和莱茵河早已摘掉污染的帽子。

过去,我们国家底子太薄,首先要解决吃饭问题,要发展各种产业,在环境保护方面力不从心。现在,国家有了经济底气,技术和工业水准也到了一定水平,到了必须高度重视环境保护的发展阶段。为了我们自己和子孙后代,我们必须解决碳排放、土地盐碱化、重金属污染等环境问题。污染治理和环境保护必定会倒逼我们大力提升创新能力。

建设美丽中国,必须有工业做坚强后盾

苏州工业园,有个诚品书店,年轻人喜欢去。这里具有独特的文化气质,还让人倍感舒适。其实,诚品书店的智慧楼宇系统出自一家工业企业。一家书店的背后,有着工业的支撑,所以它才如此体贴人心。于是,去书店,一半是为了晕染书香,另一半却是为了体验工业创新技术带来的舒适感。

推而广之,我们在美丽中国看到的每一道亮丽风景、走出的每一步、吃的每一顿饭食、穿的每一件新衣服、走进的每一家店,甚至呼出的每一口空气、丢掉的每一份垃圾的安全回收,背后都有工业创新在默默支撑。

1

美丽中国,城市建设日新月异。城市景观桥对整个城市的形象提升起着画龙点睛的作用。2021年在党的百岁生日到来之际,一座横跨珠江的人行景观桥出现在广州。这座桥叫海心桥,它刚一诞生,就因为时尚大气新颖的形象成为网红桥。

海心桥的施工工期非常短。参建的中铁科工集团组织精兵强将,采用边设

图 7-6　海心桥全景

图 7-7　钢梁现场吊装

计边施工的模式，开始了建设珠江上最美人行景观桥的征程。2020 年 9 月底图样正式确定，国庆节当天，中铁科工中山基地全体员工放弃休假，开始加工拱脚，充分发扬"火神山"精神，经过日夜不停奋战，保质保量按时发货。

景观桥方案美观，设计灵感来自于岭南文化，据说吸取了粤曲水袖、广州水上花市、岭南古琴等具有岭南文化代表性意义的意象。新颖的设计，在桥梁结构上看却相对复杂，所以这座桥被称为"世界上最大跨度曲梁空间拱组合体系景观人行桥"，桥的"曲梁""斜拱"、分段跨度大、拱梁架设步骤多等特点也反映出桥的制造、运输、安装的难度也最大。钢梁总重近 5000 吨，分为 32 个节段，中铁科工集团利用 BIM 软件对钢梁进行三维建模，精确放样，确保零件之间的相对尺寸关系。技术团队反复研讨如何设计胎架，胎架既要保证制造精度，又要方便运输，同时还要经济实惠。

为了满足工期要求，中山基地厂内组织了 5 个施工队同时制作，每个施工队均两班倒，24 小时不停歇全力推进，不到一个月时间便完成了钢梁厂内制作任务。但更为难的是，施工地点在广州市最繁华、最核心的区域，政府、市民、媒体的关注度都非常高，施工安全容不得半点儿差错。项目部人员不畏艰难，顶住压力，连续奋战 42 天，在 2021 年 2 月 8 日实现全桥成功合龙。

实际上，中铁工业旗下的几大集团公司都在建桥方面具有非常强大的优势。截至目前，世界十大大跨度斜拉桥，7 座为中国制造，沪通长江大桥、香

港昂船洲大桥、苏通长江大桥、嘉鱼长江大桥、武汉青山长江大桥、鄂东长江大桥、九江二桥,这7座钢桥梁全部出自中铁工业之手;世界十大大跨度悬索桥,6座为中国制造,其中4座(武汉杨泗港长江大桥、深中通道伶仃洋大桥、西堠门大桥、虎门二桥)出自中铁工业之手,彰显了中铁工业"钢桥制造国家队"的角色。而随着时代发展,人们对桥梁的审美也与日俱增,不仅要求桥梁能连通两岸、坚固安全,还要求好看。目前,城市景观桥作为新的行业,受到中铁工业的重视,其旗下的建桥主力企业也形成了差异化发展、协同作战的格局。

2

这一切发生在人们少为关注的城市一角。人们脚下、深藏地下的城市基建工程,或者城市污水处理设施、废固垃圾处理设备,看似与普通人相距遥远,但是都与人们的生活密切相关。建设美丽中国有一些"难啃的骨头"需要依靠工业企业来解决。

位于成都市郫都区的团结临时应急污水处理厂项目,是国内少数全装配化系统解决方案的应急污水处理厂,也是中铁工业在环保产业领域的一个成功创新实践。这个污水处理厂的建设,仅用3个月时间,厂内就绿植遍布,如同一座小型生态公园。整套装配式污水处理厂解决方案是由中铁工业旗下中铁环境针对中国城镇生活污水处理、黑臭水体治理实际情况集成研发提供的。污水处理厂采用了中铁环境研发的CRHIC-PST装配式污水处理厂成套技术装备及工艺,设计日处理量15000吨,出水水质达到一级A标准。

整套创新产品,建设速度快、占地面积小、投资成本低,而且实现了工艺装置化、装置智能化、系统模块化、模块集成化,可以实现自动化运行,方便管理。"太神奇了!三个月就能建成一座污水厂,经处理后的污水如此清澈,和自来水相比看不出什么区别",这座污水处理厂的建成,成了重大新闻,当地村民一边点赞，一边也了解了科技环保对自己生活带来的切身变化。

无废城市，是一种先进的城市管理理念，通过推动形成绿色发展方式和生活方式，持续推进固体废物源头减量和资源化利用，最大限度减少填埋量，将固体废物环境影响降至最低。2019年4月，我国生态环境部开始推广"无废城市"建设试点。广东省深圳市、内蒙古自治区包头市、安徽省铜陵市、山东省威海市、重庆市（主城区）、浙江省绍兴市、海南省三亚市、河南省许昌市、江苏省徐州市、辽宁省盘锦市、青海省西宁市作为试点城市。另外，河北雄安新区、北京经济技术开发区、中新天津生态城、福建省南平市光泽县、江西省赣州市瑞金市作为特例，参照"无废城市"建设试点一并推动。这对环保企业来说，是一个非常好的消息。

图 7-8　装配式污水处理厂效果图

图 7-9　郫都区应急污水处理厂鸟瞰图

图 7-10　中铁环境研发的 CRHIC-PST 装配式污水处理厂成套技术装备

图 7-11　中铁环境深圳渣土处置中心

中国科技型企业的担当及创新实践

中铁环境是中铁工业旗下年轻的团队，是"无废城市"的积极践行者。近几年，这家公司承担了省级课题1项、中铁工业课题6项，参与国家级课题1项，获得国际先进科技成果1项、国内领先科技成果2项、授权专利53项、软著3项；参编地方标准2项；开发出隧道污水快速处理装置、分散式生活污水快速处理装置、装配式污水处理厂、"春泥号"盾构渣土快速处理系统、低碳脱氮成套解决方案、污泥移动处置站、移动加药仓、一体化电解加氯系统、VOCs废气治理系统、焊烟治理成套装备等新产品；"工程渣土多相分级处理成套技术及装备"入选国家"无废城市"建设试点首批先进适用技术，"隧道废水处理装备"入选工信部重大环保技术装备目录。

在中国工业发展道路上，工业还将为人们的未来谋划更美的场景。赫尔曼·西蒙教授说的好："工业带来的产品和服务，就是把人带到更富足的生活中去，企业需要更好地理解人民的需求是怎样的。通过创新或者是生产出更加便宜的产品，或者同一价格上更好的产品，这样才能让人们的生活更加富足和幸福。"

建设美丽中国是目标，工业做坚强后盾是方式方法。今天，我们可以上天入地、下海遨游。工业看似距离人类越来越远，其实它始终与生活紧密相连。以现代绿色工业为支撑，建设美丽中国，促绿水青山变金山银山——这里呈现的是中国工业人的初心，一切为了让人民的生活更加美好。

航天科技助力双碳减排

在"双碳"主题唱响的今天，更多的案例趋向于新能源使用以及降排的各种新理念新做法。但航天工程公司的做法让人"耳目一新"。

飞入太空的火箭和深埋地底的黑煤之间，有着什么样的关系呢？如何将高精尖的航天科技转为民用、为老百姓造福利？他们的故事值得一听。

第七章　创新的底线

1

北京亦庄，航天工程公司总部的研发实验室，工程师团队正在对 3000 吨级粉煤加压气化装置进行一次重要实验，以进一步完善这套系统的设计。

这套系统除了可以将日处理粉煤的煤量和压力都提高到当前最大级别，还新加入了废锅部分，把装置气化产生的热气体进行回收，转化成蒸汽或者电力，作为补充循环能源使用。这是在高效利用能源路上的又一次进步。

粉煤加压气化技术，说白了是一种生产技术，使煤与氧气发生一系列化学反应，将固体分煤转化为一氧化碳和氢气等可燃洁净气体，可提高能量转换效率，减少环境污染。经过对煤炭进行高效、环保、低成本转化后，可广泛应用于煤制合成氨、煤制甲醇、煤制烯烃、煤制乙二醇、煤制天然气、煤制油、煤制氢、IGCC 发电等多个领域。这项技术经过十多年的持续创新，形成了鲜明的技术优势，更关键的是它打破了国外技术垄断，现在已经是国家重点推广的洁净煤利用技术。

在此之前，由于国内长期缺乏自主的粉煤加压气化技术，煤化工不能大规模地发展，需要不断引进国外先进技术。刚开始，中国引进了国外的水煤浆技

图 7-12　航天炉外景

图 7-13　经过治理后的工业区

中国科技型企业的担当及创新实践

图 7-14　航天科技落地民生，为民谋福

术，但是这个技术对煤类原料要求特别苛刻，国内很多地方的煤都不能用，于是又引进了干煤粉的气化技术，结果也是不适应中国化工生产的流程。中国工程师花了很大代价改造国外引进技术，结果依旧水土不服，这倒逼中国的工程技术人员必须尽快研发出具有自主产权的新技术。

2

山东东平，3000 吨级超大型航天炉示范工程，在当地一家实力雄厚的企业即将投产。这正是创新执行力让科技转化落地的成果。

创建于 1970 年的瑞星集团是中国特大型化肥生产企业，年产尿素 300 万吨、各种高端复合肥 100 万吨。精明的企业家做了第一个吃螃蟹的人，率先使用了航天工程团队设计研发的超大型航天炉。此前，瑞星集团已经投产了两期航天炉项目，应用了 750 吨和 2000 吨的航天炉，航天炉的三次创新升级与这家化工集团的成长随影而行。

结果是，他们尝到了实实在在的甜头。企业算了一笔账，他们投资航天炉的收益早已收回，更重要的是，这项工程还使他们成为环保标兵。这样的利好，鼓励企业进一步推动先进产能全覆盖。投资建设的粉煤气化三期工程已经陆续完工。

第八章

精神
的
涅槃

中国的工业精神

共建健康的创新生态系统

为时代画像

勇气和意志是中国工业精神的重要内涵,
实干是中国工业精神的硬核。
自主制造,可以维护民族尊严,也能增强民生福祉。
要想赶超工业先进国家极为不易,不仅需要勇气,
还需要强大信心,足够耐心。
中国工业人在新时代探索总结的"独立自主、奋斗不息"的工业精神值得为之鼓掌。

创新是一种工业文化自信,
建立健康的创新生态系统是一项长期的、复杂的工程。
时至今日,工业革命仍在继续。
世界千变万化,工业精神永不停歇。
一切为了人类生存、生活的更加美好,
工业创新再接再厉。

第八章　精神的涅槃

中国的工业精神

关于中国的工业精神，可以归纳出许多关键词：爱国、工匠、创新、诚信、拼搏、奋进等。回顾新中国 70 多年发展道路，回顾中国工业发展历史，"独立自主、奋斗不息"的精神促使中国工业从早期阶段就开始了坚定的自主开发。

专家提点 | **朱宏任**　中国企业联合会、中国企业家协会党委书记、常务副会长兼理事长

中国是一个制造业大国，但是从工业革命开始，中国一度落后了。我们的前辈先贤，为了探讨中国工业化的道路不遗余力，但只有到新中国成立以后，中国才真正走上了现代工业建设的道路。如果用几个词来诠释中国工业精神的话，我想独立自主，自力更生，艰苦奋斗，奋力拼搏，努力创新，勇创一流，应该是对中国工业精神最好的注脚。

共建健康的创新生态系统

假如用你的名字命名一台刚下线的盾构机，你要不要为了这个荣誉而攻坚克难？假如以你的名字命名一个大国工匠工作室，你愿意不愿意长期坚持技术创新并把自己的创新成果分享给一起进步的同事？假如为了实现少年时的一个许诺、一个梦想，你想不想竭尽所能加入国家重点科研项目团队并且不求回报地进入研究状态？在中铁工业，这些答案是肯定的。

在"三个转变"重要指示的指引下，坚持科技创新，可以强化对企业发展

中国科技型企业的担当及创新实践

的支撑；坚持党建创新，可以磨砺企业的先进性；坚持营销创新，可以保持企业竞争的优势；坚持文化创新，可以增强企业发展的活力；坚持机制和模式创新，将创造更高企业价值。精心维护科技创新生态，全面激发创新创造活力，为广大科学家和科技工作者搭建施展才华的舞台，经过这样的良性循环，中铁工业正在营造和维护一种健康的创新生态系统。

再放大一些看，在创新能力强的大型企业周围，会自然地聚集一大批勇于创新的配套商以及活跃的科技创新参与者。创新者与创新者、创新者与创新型企业、创新型企业与创新型企业间的来往、互动和交流，相互影响，会形成自然的活跃的创新生态，并产生某个人、某个企业独立无法创造的创新结果。中铁工业通过与中国铁道科学研究院、西南交通大学、同济大学等科研院所、高等院校建立密切的产学研合作关系，并与洛阳轴承、恒力等众多配套商紧密结合、共同创新，形成科研、技术、产业互动共赢，科技创新影响力正不断扩大。

再换个角度，中铁工业拿到的4个"单项冠军"，必然以我们肉眼观察不到的影响力，辐射到科技甚至社会的各个方面。更多的企业家意识到，中国只有少数几个优秀企业，还不能充分聚集起整个国家实现"科技强国"的能量，中国必须产出更多优秀企业，形成全面健康的科技生态系统，形成众多的世界知名的民族品牌以及不可计数的硬核产品。

为时代画像

1

掌握奋进的核心动力——科技创新，是这个时代的工业最鲜明的画像。中铁工业在加强企业治理、实现"上市成功"的几年来，经过不断的探索实践，已经积累了宝贵的改革发展经验。企业和员工思想认识一致——加强党的领导是企业保持正确方向的根本前提；坚持解放思想，是企业永葆发展活力的动力源泉；实施改革创新，是企业提高竞争能力的必由之路；注重以人为本，是企业凝聚发展力量的重要基础。在此基础上，中铁工业提出了"十四五"期间的主要发展思路：以习近平新时代中国特色社会主义思想为指导，继续深入践行"三个转变"重要指示，落实好国企改革三年行动任务，秉承"传承超越、创新发展"的企业理念，坚持改革创新，以突出主业、完善治理、强化激励、提高效益、加强党建为方向，以延伸产业链、培育生态链、提升价值链为路径，推动传统制造业与现代服务业有机融合、互动发展，开启迈向世界一流高新装备制造企业的新征程。

在"三个转变"重要指示指引下，工业战线上的企业不断加强改革创新工作。中铁工业负责人在重点工作推进会上强调，企业全面加强改革工作，"包括国企改革三年行动、科改示范和对标世界一流企业"。在国企改革三年行动方面，还需要进一步提高认识，高质量推进各项工作任务；要压实责任，确保按期完成改革任务；要加大力度，加快推进滞后改革任务；同时还要聚焦三项制度改革的重点。为了实现深入改革和高质量发展，企业必须全面加强创新工作，"重点抓好产品创新和技术创新，特别是基础技术创新，关键核心部件的开发，工艺、信息技术和数智升级"，2021年的市场形势再次提醒企业，"如果没有核心技术竞争优势，以后我们的路会越来越窄"，因此做好创新规划很重要，"产品创新方面，重在市场研究、重在需求研究、重在精准创新、重在批量定制"，要提前做好规划，实现具体任务的落地。

为了实现"建设世界一流高新装备制造企业"的目标，中铁工业努力实现"三大突破"：突破核心技术"卡脖子"难题，突破优势产业发展瓶颈；突破新产业发展困局。用中铁工业负责人的话说，就是在关键核心技术攻关上，坚持应用牵引、体系推进，紧紧牵住关键核心技术自主创新这个"牛鼻子"，掌握更多的"独门绝技"。

中国科技型企业的担当及创新实践

2

新的时代,"科技创新"大潮奔涌,坚持与时代同步伐,勇敢践行时代课题,从中铁工业的上市企业治理的成效,也深刻反映出这个时代的历史巨变和工业人为人民生活奉献精品的时代风貌。

从制造到服务,是思维的深刻转变。

过去中铁山桥修建一座桥梁,只要修建好了,就完工了。现在中铁山桥在前期设计的时候,要参考环保要求,考量修桥过程中的环保要素,同时展开"全生命周期"的监测,保证桥梁保持健康稳固的姿态。这是他们的社会责任也是制造服务的内容。这也是整个中铁工业认真落实"三个转变"的重要指示,始终坚持工业制造商、工程服务商和产业投资商"三商合一"的发展定位和"制造为本"的经营理念,拓展产业链上下游,积极推进高端制造与工程服务业、信息技术的深度融合,着力推动企业动力变革、效率变革和质量变革的变化。简单说,过去,制造业仅仅是生产一个产品,现在要连产品带使用,甚至帮助使用的一揽子解决方案都要摆在客户面前。

创新型企业的活跃勾勒出了城市生活的新景象。中铁宝桥所在的宝鸡、中铁装备所在的郑州、中铁重工和中铁科工所在的武汉、中铁工服所在的成都,企业和城市发生的变化均超越人们想象。企业在竞争,城市也在竞争。从人口普查上就可以看出,成都的人口比深圳人口还多,哪里有创新型企业的快速发展,哪里就有创新人才的聚集,创新的企业为所在城市带来了新的人口增长极,让城市变得更有吸引力和活力,也激发了年轻人创业学习的欲望。

重新认识制造和服务的关系,科技创新型企业需要"两手抓"。一面是抓牢抓强自己的制造,有硬核产品出来,另一面要增强自己的服务意识和产品的全生命周期服务,满足人们日益增长的需求。两手都要抓,两手都要硬。

不断反思与持续创新,将创造一切。

参 考 文 献

[1] 朱浒. 地方社会与国家的跨地方互补——光绪十三年黄河郑州决口与晚清义赈的新发展[J]. 史学月刊, 2007(2):104-112.

[2] 李建斌, 才铁军. 中国大盾构——中国全断面隧道掘进机及施工技术发展史[M]. 北京: 科学出版社, 2019.

[3] 王梦恕. 21世纪是隧道及地下空间大发展的年代[J]. 岩土工程界, 2000(6):13-15.

[4] 范海洲, 邵春燕. 我国中部地区承接产业转移的特征与趋势[J]. 南通大学学报（社会科学版）, 2015, 31(1):9-15.

[5] 白春礼. 以科技自信助力实现中国梦[J]. 紫光阁, 2013(4):21-22.

[6] 徐有礼. 探寻郑州近代工业的历史轨迹[J]. 黄河科技大学学报, 2013, 15(5):13-17.

[7] 康江峰. 试论《西游记》的宇宙观及科幻思想[J]. 江苏海洋大学学报（人文社会科学版）, 2020, 18(3):85-92.